上級

日本語文法演習
助詞
―「は」と「が」、複合格助詞、とりたて助詞など―

中西久実子
庵功雄
❖著

スリーエーネットワーク

© 2010 by NAKANISHI Kumiko and IORI Isao

All rights reserved. No part of this publication may be reproduced, stored in a retrieval system, or transmitted in any form or by any means, electronic, mechanical, photocopying, recording, or otherwise, without the prior written permission of the Publisher.

Published by 3A Corporation.
Trusty Kojimachi Bldg., 2F, 4, Kojimachi 3-Chome, Chiyoda-ku, Tokyo 102-0083, Japan

ISBN978-4-88319-540-4 C0081

First published 2010
Printed in Japan

はじめに

　このシリーズは、上級レベルの日本語を適切に産出するために、文法をわかりやすく整理・説明し使い方の練習をするものです。
　日本語の基本的な構造に深くかかわる文法項目（自動詞・他動詞、敬語、条件表現、時間の表現、指示詞、文末表現、助詞など）については、初級段階で一通り学びますが、中上級に至っても学習者から「使い方がよくわからない」という声がしばしば聞かれます。中上級では、これまで表現文型を指導するための努力が多く積み重ねられ教材も整ってきましたが、文の構造にかかわる文法項目については学習者の習得にゆだねられてきたような面があります。上級においてもそのレベルに応じた文法が必要です。それらを実例の文脈の中で積極的に学習し現場で使える教材を提供していきたいと考えています。
　学習者はもとより指導する立場の方々にも、文法は学習目標というより「便利な道具」であることをお伝えできれば幸いです。
　本書は、上記文法項目のうち、助詞（「は」と「が」、複合格助詞、とりたて助詞など）を扱っています。例えば、

- 「山田さん（　　）読んでいたのは英語の本だ。」という場合、（　　）には「は」と「が」のどちらを使えばよいか。
- 授業などでプレゼンテーションをするときに、「これから日本の少子化問題について発表させていただきます。」とは言えるが、「これから日本の少子化問題に対して発表させていただきます。」とは言えない。それはどうしてか。
- 先生に「漢字は読めますか。」と聞かれたとき、「まだひらがなしか読めません。」とは言えるが、「まだひらがなだけ読めます。」とは言えない。それはどうしてか。

このようなことについても見ていきます。
　本書では、内容が「腑に落ちる」ように、文法規則を最初に示すのではなく、使う人もルールを導きながら考えるという手法をとっています。まず、用例から問題の所在を意識し、次に文法のルールを導き、さらにルールを確認しながら具体的な用例を見ていきます。最後に実際に使われている文に則して練習をします。
　本書は、著者が日本語教師として現場で日本語を教えた経験をもとに作り始めたものです。構想から10年近くの年月が流れ、その間多くの方々のご協力をいただきました。学習者の方々の質問によって考えさせられることも少なくありませんでした。出版に当たり、編集協力のお立場で方向性を示してくださった一橋大学の三枝令子先生、編集の佐野智子さんには大変お世話になりました。心から感謝申し上げます。本書が日本語を学ぶ方々、日本語教育に携わる方々のお役に立てば幸いです。

2010年5月　著者

この本を使う方へ

Ⅰ．目的

a．上級学習者の方へ

　本書では日本語学習の中で日々遭遇する問題点を中心に、重要なポイントを提示し、どんなときにどんな助詞を使えばいいのか、また、助詞（例:「は」と「が」など）をどう使い分ければいいのかがわかるようなルールを示しています。文体に関する情報も取り入れていますので、日常会話で使う形式から論文やレポートを書くときに使う形式まで広く学習することができます。

b．日本語を教える先生方へ

　助詞の使い方には、述語との関係や文脈情報など様々な要因が作用しています。本書では、これらの要因が学習者によりよく理解され、学習者が助詞を効果的に使いこなせるように、できるだけ多くの場面や様々な例を取り上げました。こうした試みに対し、本書を使用された先生からご意見をいただければ幸いです。

c．日本語教師養成課程で学ぶ方へ

　本書では、日本語を教える人が知っていると役に立つ簡便で体系的な文法のルールを学ぶことができます。一般の文法書との違いは問題を解きながら自ら文法のルールが発見できる点です。

Ⅱ．構成

a．ウォームアップ

　今までの学習でなんとなく知っていることについて、それが確かなものかどうか考え、より適切な使い方ができるようになりたいという動機を促す部分です。

b．本文

・「問」→「ルール」→「練習」という流れで進んでいきます。
・「問」に答えながら、どのようなルールがあるのかを考えます。ここで引き出したルールを　　　　　内で整理します。ルールの中の｛　　　｝内の語は、どちらか適切なほうを選んでください。そのルールを使って、「練習」をします。

c．総合練習
各章で学習した項目が理解できているかを章ごとに確認する問題です。

d．総合演習
助詞についての総合的な知識がついているかを確認する問題です。

e．ちょっと一息
本文の内容を補足します。より知識を得たい人、日本語研究に関心がある人は読んでください。

Ⅲ．使い方

a．一般的な使い方は、

ウォームアップ → 本文 → 総合練習 → 総合演習

b．余力のある人・日本語教育に携わる人は、

ウォームアップ → 本文 → 総合練習 → 総合演習 → ちょっと一息

Ⅳ．学習時間のめやす

	50分授業	90分授業
Ⅰ．複合格助詞	6 〜 8 回	3 〜 4 回
Ⅱ．その他の助詞	8 〜 10 回	4 〜 5 回
Ⅲ．「は」と「が」	6 〜 8 回	3 〜 4 回

目　次

はじめに …………………………………………………………………………… iii
この本を使う方へ ………………………………………………………………… iv

Ⅰ．複合格助詞

ウォームアップ ………………………………………………………………… 3

1．対象を表す複合格助詞 …………………………………………………… 4
　　●に対して ………………………………………………………………… 4
　　●「に対して」と「について」 ………………………………………… 5
2．特徴に注目する複合格助詞 ……………………………………………… 6
　　●として …………………………………………………………………… 6
　　●にとって ………………………………………………………………… 6
　　●「として」と「にとって」 …………………………………………… 7
　　●「にとって」と「に対して」 ………………………………………… 8
3．情報源を表す複合格助詞 ………………………………………………… 9
　　●に基づいて ……………………………………………………………… 9
　　●「によると」と「から」 ……………………………………………… 10
4．原因を表す複合格助詞 …………………………………………………… 11
　　●によって ………………………………………………………………… 11
　　●「によって」と「(の) ため」 ……………………………………… 12
5．変化を表す複合格助詞 …………………………………………………… 13
　　●「につれて」「にしたがって」 ……………………………………… 13
　　●にともなって …………………………………………………………… 14
6．複合格助詞の名詞を修飾する形 ………………………………………… 15
7．総合練習 …………………………………………………………………… 17

Ⅱ．その他の助詞

ウォームアップ ………………………………………………………………… 18

1．その他の助詞 ……………………………………………………………… 20
　　●対比の「は」 …………………………………………………………… 20
　　●数量語＋は ……………………………………………………………… 22
　　●数量語＋も ……………………………………………………………… 23
　　●数量語＋しか〜ない …………………………………………………… 24

- ●しか〜ない ··· 25
- ●名詞ばかり ··· 27
- ●動詞てばかりいる ··· 27
- ●こそ ··· 28
- ●からこそ ··· 29
- ●さえ ··· 30
- ●〜さえ〜ば ··· 31
- ●「なんか／なんて」 ··· 31
- ●「で」と「に」 ··· 33
2．総合練習 ··· 34

Ⅲ．「は」と「が」
ウォームアップ ··· 36
1．「は」が使えない場合 ··· 37
2．節の場合 ··· 39
   2-1．従属節の場合(1) ··· 39
   2-2．名詞修飾節の場合 ··· 39
   2-3．従属節の場合(2) ··· 41
3．文の場合 ··· 42
   3-1．一般的な場合 ··· 42
   3-2．例外的な場合(1)—感じたことをそのまま伝える場合（中立叙述）— ········ 43
   3-3．例外的な場合(2)—排他— ··· 44
4．「は−が」文 ·· 46
5．総合練習 ··· 49

ちょっと一息
① 対象を「を」で表さず、「に」で表す動詞 ··································· 4
②「に関して」 ··· 5
③「によって」のさまざまな用法 ·· 12
④「(数)も＋〜ば」 ··· 24
⑤「だけだ」 ·· 26
⑥「のみ」 ·· 26
⑦「なんか／なんて」による例示の用法 ······································· 35
⑧ 節 ·· 40

⑨「は」と「が」の関係―入れ替えられる場合― …………………………………… 47
⑩ 僕はウナギだ？ …………………………………………………………………… 48

総合演習 …………………………………………………………………………………… 51
参考文献 …………………………………………………………………………………… 58

日本語文法演習

助詞
―「は」と「が」、複合格助詞、
　とりたて助詞など―

I　複合格助詞

ウォームアップ

A．適切なものを線で結んでください。
1．部長は、田中さんの提案に対して　　　　・　　　　・a．会に出席している。
2．医師団は、検査の結果に基づいて　　　　・　　　　・b．難しいものだ。
3．日本語の敬語は、外国人にとって　　　　・　　　　・c．治療方針を決めた。
4．いつもは審査員だが、今日は発表者として　・　　　・d．反対している。

> 複合格助詞とは、格助詞「に」「と」などとその他の語を合わせた表現。

B．下線部が「を」「に」「で」のどれかに言い換えられる場合はその助詞を書き、言い換えられない場合は×を書いてください。
1．彼は歌手だが、最近は司会者としてテレビで活躍している。　　　　（　　）
2．金利の引き下げによって市場が動く可能性がある。　　　　　　　　（　　）
3．田中さんは、新しく入ってきた社員に対してライバル意識を持っている。（　　）
4．実話に基づいて小説を書いた。　　　　　　　　　　　　　　　　　（　　）

> 複合格助詞は、格助詞に言い換えられる場合もあるが、格助詞だけでは表せない細かい意味を表す。

1. 対象を表す複合格助詞

●に対して

問1 下線部が「に対して」と言い換えられる場合は○を、言い換えられない場合は×を書いてください。

1. うちの犬は、私が家に帰るとすぐ私に甘える。　　（　）
2. 美術館では、絵に触れないようにしてください。　（　）
3. 彼女は、彼に好意をいだき始めている。　　　　　（　）
4. 私は父を尊敬している。　　　　　　　　　　　　（　）
5. 部長は山田さんをほめた。　　　　　　　　　　　（　）
6. 彼女はお年寄りに親切だ。　　　　　　　　　　　（　）
7. 審判に文句を言ってはならない。　　　　　　　　（　）

> Aに対して
> ・動作や関心が向かう対象を表す。
> ・Aに「に」で表される対象が来る。
> 　ただし、「触れる」「甘える」など、動作が直接、対象に及ぶ場合は使えない。
> ・「ほめる」「尊敬する」など「を」で表される対象には使えない。

練習1 文を完成してください。
1. 学生たちは、学長に対して＿＿＿＿＿＿＿＿ほしいという抗議文書を送った。
2. 裁判所は、A社に対して＿＿＿＿＿＿＿＿＿＿＿＿＿＿＿＿＿を命じた。
3. ＿＿＿＿＿＿＿に対して＿＿＿＿＿＿＿＿＿＿＿＿＿＿＿＿＿。

☕ちょっと一息 ①

対象を「を」で表さず、「に」で表す動詞

親に甘える、子どもに触れる、会議に参加する、会議に出席する、議長に賛成する、議長に反対する、彼女にキスする、鏡に向かう、先生に尋ねる、このスーツはあなたに似合っている、など

●「に対して」と「について」

問2 どちらが適切ですか。

1. これから日本の少子化問題 { に対して・について } 発表させていただきます。
2. 医者は CT と MRI の違い { に対して・について } 説明した。
3. 彼は、鈴木さんの意見 { に対して・について } 反論した。
4. 彼女は、ぼく { に対して・について } いつも親切だ。

> について：内容を表す。
> に対して：動作や関心が向かう対象を表す。以下のような述語では「に対して」を用いて対象を表す。
> 　　　　　要求する、請求する、反発する、反対する、反論する、追求する、訴える、責任を持つ、親切だ、無関心だ、無責任だ、不満だ、やさしい、きびしい

練習2　どちらが適切ですか。

1. 学生たちは地球温暖化の対応策 { に対して・について } 話し合っている。
2. この子は母親 { に対して・について } 反抗している。
3. 私は日本文化 { に対して・について } 作文を書いた。
4. 図書館に行って、環境問題 { に対して・について } 調べた。
5. 裁判官は、被告 { に対して・について } 懲役3年の実刑判決を言い渡した。

☕ちょっと一息 ②

「に関して」

「に関して」は「について」の書きことば的な表現です。
- 今日は日本経済の問題点についてお話ししましょう。（話しことば）
- この論文では、日本経済の問題点に関して詳しく論じる。（書きことば）

2. 特徴に注目する複合格助詞

●として

問1 どちらが適切ですか。
1. 彼はまだ10歳だが、{ピアニスト・学生}として世界中の人々に知られている。
2. 私は{父親・部長}として、子供の学校の行事には積極的に参加したい。
3. ジョンさんは{アメリカ人・英語の教師}として中学校で教えている。

> として
> 特徴に注目することを表す。例えば、「彼はピアニストとして世界中の人々に知られている。」という文は、「彼」が「世界中の人々に知られている」ということを「ピアニスト」という特徴に注目して述べている。

練習1 文を完成してください。
1. 最近、大都市の郊外を＿＿＿＿＿＿＿＿＿＿＿＿＿＿＿として開発している。
2. 私の国では、京都は、＿＿＿＿＿＿＿＿＿＿＿＿＿として知られています。
3. 私は日本では留学生だが、国では＿＿＿＿＿＿＿として＿＿＿＿＿＿＿。
4. ＿＿＿＿＿＿＿＿＿は、若いとき＿＿＿＿＿＿＿＿として活躍していた。

●にとって

問2 どちらが適切ですか。
1. 留学生にとってカタカナ語を覚えるのは{大変なことだ・毎日しなければならない}。
2. ビールは{大人・子供}にとって苦い飲み物でしかない。ビールのおいしさがわからないのだ。
3. アメリカは日本にとって{重要な貿易相手国だ・重要視したいと思う}。
4. 私{は・にとって}動物愛護団体がクジラの保護を求める運動に賛成している。

> にとって
> ・「留学生にとってカタカナ語を覚えるのは大変なことだ。」という文は、「カタカナ語を覚えるのは大変なことだ」という特徴があてはまるのが、「留学生」であることを示す。
> ・判断・認識・感覚を表す形容詞文・名詞文で用いる。

練習2 文を完成してください。
1. 経営者にとって＿＿＿＿＿＿＿＿＿＿＿＿＿＿＿＿＿は重要な問題だ。
2. 日本人にとって＿＿＿＿＿＿＿は＿＿＿＿＿＿＿＿＿＿だ。
3. ＿＿＿＿人にとって＿＿＿＿＿は＿＿＿＿＿＿＿＿＿＿だ。

●「として」と「にとって」

問3 どちらが適切ですか。どちらもいい場合もあります。
1. 彼は医者だが、登山家 { として・にとって } 講演活動も行っている。
2. 登山家 { として・にとって } ザイルの品質は大切なことだ。
3. 留学生 { として・にとって } 奨学金制度があるかどうかは重要な問題だ。
4. 彼は仕事をやめて渡米し、昨年からアメリカの大学で留学生 { として・にとって } 経営学を勉強している。

> 「として」「にとって」
> どちらも特徴に注目するが、「として」は特徴を表す語につき、「にとって」は特徴を判断する人や特徴を感じとる主体につく。

練習3 どちらが適切ですか。
1. 彼は落語家だが、月曜日はこの大学の講師 { として・にとって } 日本の伝統文化について講義している。
2. 植物 { として・にとって } 光と水は重要なものだ。
3. 相次ぐ食品の値上げは、貧しい者 { として・にとって } 厳しいことだ。
4. 彼は責任感が強く、キャプテン { として・にとって } チームのメンバーをまとめている。
5. 赤ちゃん { として・にとって } 眠ることは成長に欠かせないことだ。

● 「にとって」と「に対して」……………………………………………………………

問4 どちらが適切ですか。
1．社員たちは、社長 {にとって・に対して} 給料を上げてほしいと訴えた。
2．消費者からのクレームは、企業 {にとって・に対して} ビジネスのチャンスだ。
3．相手チームの選手は、田中さん {にとって・に対して} 敵意を示した。
4．試合前日の練習は、選手 {にとって・に対して} 非常に厳しいものだった。

  Aに対して：Aは動作や関心が向かう対象。
  Aにとって：Aは特徴を判断する人や特徴を感じとる主体。

練習4　どちらが適切ですか。
1．このサービスは客 {にとって・に対して} ありがたいものだ。
2．客が店員 {にとって・に対して} 文句を言った。
3．田中先生は学生 {にとって・に対して} 落ち着いた態度で説明した。
4．山本先生は学生 {にとって・に対して} 人生の目標のような存在だ。

3. 情報源を表す複合格助詞

●に基づいて

問1 どちらが適切ですか。

1．検査結果に基づいて｛治療計画を作った・肺に影がある｝。
2．営業成績に基づいて｛田中さんはトップだ・翌年の年収を決める｝。
3．統計に基づいて｛老人人口が増加している・人口分布の表を作成した｝。
4．経験談に基づいて｛映画を作った・田中さんは苦労したようだ｝。

> Aに基づいてB
> ・BはAをもとに行う動作。
> ・述語（B）は、「作る」「決める」「行う」など生産・決定・実践・実施などに関する動詞。

練習1 文を完成してください。

1．＿＿＿＿＿＿＿＿は＿＿＿＿＿＿＿＿に基づいて＿＿＿＿＿＿＿＿を作った。
2．会議の決定に基づいて＿＿＿＿＿＿＿＿を＿＿＿＿＿＿＿＿。
3．調査の結果に基づいて＿＿＿＿＿＿＿＿＿＿＿＿＿＿＿＿。

● 「によると」と「から」……………………………………………………………

問2 どちらが適切ですか。
1. 先生の話 ｛によると・から｝ 次の試験は難しいらしい。
2. 先生の話 ｛によると・から｝ 次の試験は難しいことがわかった。
3. 入国管理局の調べ ｛によると・から｝ A国からの留学生は減少傾向にあるそうだ。
4. 公共交通機関の運賃 ｛によると・から｝ 各国の物価を知ることができる。

> 「によると」「から」
> ・情報の出所を表す。
> ・によると：述語には「そうだ」「とのことだ」などの伝聞形式がつく。
>   から：述語は「（ということ）がわかる」「と言える」「と考えられる」などが来る。

練習2 文を完成してください。
1. インターネットによると＿＿＿＿＿＿＿＿＿＿＿＿＿＿＿＿＿＿＿＿＿＿＿＿。
2. ＿＿＿＿＿＿＿＿＿＿＿＿＿＿＿＿＿＿＿からその国の経済状況がわかる。
3. ＿＿＿＿＿＿＿＿＿＿によると＿＿＿＿＿＿＿＿＿＿＿＿＿＿＿＿＿＿＿＿。
4. このグラフの数値から＿＿＿＿＿＿＿＿＿＿＿＿＿＿＿＿＿＿＿＿＿＿＿。

4. 原因を表す複合格助詞

●によって

問1 どちらが適切ですか。

1．喫煙によって｛肺がんの危険率が高くなる・ストレスが多い｝。
2．ダイエットによって｛5キロ減量できた・朝食を食べないことにしている｝。
3．A社の倒産によって関連業種の株価が｛知りたい・急落した｝。
4．人身事故によって｛電車が遅れた・新聞で知った｝。

> Aによって
> ・Aは原因を表す。
> ・述語は結果を表す。

練習1 文を完成してください。

1．ストレスによって＿＿＿＿＿＿＿＿＿＿＿＿＿＿＿＿＿＿＿＿＿ことがある。
2．大地震によって＿＿＿＿＿＿＿＿＿＿＿＿＿＿＿＿＿＿＿＿＿＿＿＿＿。
3．地下鉄の開通によって＿＿＿＿＿＿＿＿＿＿＿＿＿＿＿＿＿＿＿＿＿。
4．オリンピックの開催によって＿＿＿＿＿＿＿＿＿＿＿＿＿＿＿＿＿＿。

● 「によって」と「(の) ため」..

問2 どちらが適切ですか。
1．失業率が高いのは、長引く不況 ｛によって・のため｝ だ。
2．消費税の引き上げ ｛による・のための｝ 物価上昇は、国民の生活を圧迫する。

・「〜のは〜だ」という強調構文の述語で原因を強調する場合、「によって」は使えない。
・名詞を修飾するときは「ため」が使えない。「によって」は「による」という形に変える。

練習2　文を完成してください。
1．為替の変動による値下げで、＿＿＿＿＿＿＿＿＿＿＿＿＿＿＿＿＿＿＿＿＿＿。
2．今回の選挙の投票率が低かったのは、＿＿＿＿＿＿＿＿＿＿＿＿＿＿＿ためだ。

☕ **ちょっと一息 ③**

「によって」のさまざまな用法
....

「によって」は、原因のほかにも下のようなさまざまな用法がある。
1．対応
・この国では地方によって法律が異なる。
・郵便料金は重さによって変わる。
・日本では季節によってさまざまな旬の食べ物が楽しめる。
2．手段
・マッサージによって痛みを軽減することもできる。
・温熱療法によって病気が急速に回復した。
3．受身の動作主
・パリのエッフェル塔はエッフェルという人によって建築された。
・この組織はドイツ政府によって動物を保護するために作られた。

5. 変化を表す複合格助詞

● 「につれて」「にしたがって」

問1 どちらが適切ですか。
1．医学の進歩につれて｛平均寿命が延びた・医療費が高い｝。
2．日本語が上達するにつれて日本人の友達が｛多い・増えた｝。
3．景気が後退するにしたがって失業率も｛高くなった・高い｝。

> 「AにつれてB」「AにしたがってB」
> ・Aが変化すると、Bも変化する。
> ・A・Bは変化の表現（増加する、減少する、伸びるなど）。

練習1 文を完成してください。
1．子供が成長するにつれて＿＿＿＿＿＿＿＿＿＿＿＿＿＿＿＿＿＿＿＿＿＿＿。
2．この大学は、留学生が増加するにつれて＿＿＿＿＿＿＿＿＿＿＿＿＿＿＿。
3．年を取るにしたがって＿＿＿＿＿＿＿＿＿＿＿＿＿＿＿＿＿＿＿＿＿＿＿＿。
4．日本での生活が長くなるにしたがって＿＿＿＿＿＿＿＿＿＿＿＿＿＿＿＿。

● にともなって

問2 どちらが適切ですか。どちらもいい場合もあります。
1．原油価格の高騰｛につれて・にともなって｝ガソリンの価格も上がった。
2．社長の辞任｛にともなって・にしたがって｝役員の入れ替えが行われた。
3．民営化｛にともなって・につれて｝サービスが向上した。

　　AにともなってB
　　・Aが変化すると、Bも変化する（＝につれて・にしたがって）
　　・ただし、AやBが変化の表現ではなく、Aという出来事をきっかけとして、Bという出来事を引き起こす場合にも使える。

練習2　文を完成してください。
1．少子化にともなって_____てきているらしい。
2．科学技術の進歩にともなって_____。
3．社名の変更にともなって_____。

6. 複合格助詞の名詞を修飾する形

問 1-1 下線部を名詞を修飾する形に変えてください。

1．調査結果に基づいて計画の変更は難しい。
　→
2．円高によって輸出産業への打撃は深刻だ。
　→
3．増税について法案には反対だ。
　→

問 1-2 どちらが適切ですか。どちらもいい場合もあります。
1．選挙に｛関しての・関する｝記事はおもしろくない。
2．今回の地震｛によっての・による｝被害は大きかった。

複合格助詞は、形容詞文や名詞文では、基本的に名詞を修飾する形に変える。名詞を修飾する形には、以下の方法がある。
① 「の」をつける：について（→についての）、にとって（→にとっての）、につれて（→につれての）
② 動詞を辞書形に変える：によって（→による）
③ どちらも可：に関して（→に関しての、に関する）、に対して（→に対しての、に対する）、に基づいて（→に基づいての、に基づく）、にともなって（→にともなっての、にともなう）

練習 1-1 下線部を名詞を修飾する形に変えてください。

1．試験の採点に関して質問にはお答えできません。
　→
2．コンピュータによって病気の診断は難しい。
　→
3．この図書館は、経済について文献が多い。
　→
4．大人たちにとって問題は、子供たちにとって問題でもある。
　→

練習1-2　（　　）の複合格助詞を適切な形にして文を作ってください。必要な助詞は補ってください。

1．（に基づいて）　この論文＿＿＿＿＿調査結果＿＿＿＿＿分析＿＿＿＿＿丁寧だ。
2．（によって）　原油価格の高騰＿＿＿＿＿生活必需品の値上げが市民生活＿＿＿＿＿圧迫している。
3．（に対して）　彼の言い方＿＿＿＿＿初めての人＿＿＿＿＿言葉遣いではない。

7. 総合練習

1．どちらが適切ですか。
(1) アニメは日本の文化 { にとって・として } 海外に紹介されている。
(2) 赤ちゃんのほほ { に・に対して } 触れるとやわらかくて気持ちいい。
(3) 教育を受けることは、子供 { に対して・にとって } 当然の権利である。
(4) 京都の人 { にとって・として } 祭りは四季を感じさせる行事である。
(5) 市民が政府 { について・に対して } 増税を認めないという抗議のデモを行った。
(6) この理論は一般論 { にとって・として } 通用している。
(7) 昨日の事件 { に対して・について } 関係者から事情を聞いた。
(8) 家庭の主婦 { にとって・として } 家族の健康を考えて毎日の献立を立てる。
(9) この会議では、経費削減 { に対して・について } さまざまな案を考えた。
(10) 父は職人 { にとって・として } 40年間伝統的な方法で箸を作り続けてきたが、今年その努力が認められ、市から表彰された。
(11) 過去の実績に基づいて { 経営方針を決める・経営が悪化している }。
(12) 会社のパンフレット { によると・から } 来年度は新卒大学生の採用は行わないことがわかった。
(13) 倒産 { にともなって・につれて } 労働組合も解散した。
(14) 事故 { によって・による } 渋滞で、目的地への到着が大幅に遅れた。

2．文を完成してください。
(1) 発掘された図に基づいて＿＿＿＿＿＿＿＿＿＿＿＿＿＿＿＿＿＿＿＿＿＿。
(2) 先週の豪雨によって＿＿＿＿＿＿＿＿＿＿＿＿＿＿＿＿＿＿＿＿＿＿＿＿。
(3) ＿＿＿＿＿＿＿＿＿から＿＿＿＿＿＿＿＿＿＿＿＿＿＿＿がわかった。
(4) 病状が悪化するにつれて＿＿＿＿＿＿＿＿＿＿＿＿＿＿＿＿＿＿＿＿＿。
(5) 技術の進歩にともなって＿＿＿＿＿＿＿＿＿＿＿＿＿＿＿＿＿＿＿＿＿。
(6) 産業が発達するにしたがって＿＿＿＿＿＿＿＿＿＿＿＿＿＿＿＿＿＿＿。

Ⅱ その他の助詞

ウォームアップ

A．下線部の助詞はどのような働きがありますか。アとイから適切なほうを選んでください。

1. A：田中先生にお会いしたいんですが。
   B：すみませんが、田中先生は金曜日に<u>しか</u>いらっしゃらないんです。
   ア．田中先生が金曜日に来るということを表す。
   イ．田中先生が金曜日に来て、金曜日以外は来ないということを聞き手に想像させる。

2. 先生：アンさんは漢字が書けますか。
   学生：アンさんはひらがな<u>さえ</u>書けません。
   ア．アンさんがひらがなが書けないということを表す。
   イ．アンさんが日本語の文字は何も書けないということを聞き手に想像させる。

> 「しか」「さえ」「も」「は」「ばかり」などの助詞は文の内容以外のことを聞き手に想像させる。文の内容以外のことを聞き手に想像させることを「暗示する」と言う。

B． 下線部の助詞が暗示するものとして、適切なほうを選んでください。
1． 田中さんは山田さんとばかり資料を作らされている。
　　　田中さんは　　　ア．山田さんと資料以外のものを作らされていない。
　　　　　　　　　　　イ．山田さん以外の人と資料を作らされていない。
2． 田中さんは山田さんと資料ばかり作らされている。
　　　田中さんは　　　ア．山田さんと資料以外のものを作らされていない。
　　　　　　　　　　　イ．山田さん以外の人と資料を作らされていない。
3． ビールを飲んだ。ワインも飲んだ。たくさんお酒を飲んだので、酔ってしまった。
　　ア．ワイン以外のものも飲んだ
　　イ．ワインを飲む以外のこともした。
4． 病院に行った。薬も飲んだ。しかし、熱は下がらない。
　　ア．薬以外のものも飲んだ。
　　イ．薬を飲む以外のこともした。

> 「しか」「さえ」「も」「は」「ばかり」などの助詞は、文中のさまざまな位置にあらわれる。位置によって、暗示も変わる。

1. その他の助詞

●対比の「は」

○明示的な対比

問1 文を完成してください。

1．雨は降っているが、＿＿＿＿＿＿＿＿は＿＿＿＿＿＿＿＿＿＿＿＿＿＿。
2．ごはんは食べたけど、＿＿＿＿＿＿＿＿は＿＿＿＿＿＿＿＿＿＿＿＿＿＿。
3．日本語は難しいですけど、＿＿＿＿＿＿＿は＿＿＿＿＿＿＿＿＿＿＿＿＿＿。

> 「は」には対比を表す場合がある。対比には対比する対象が文中に存在する「明示的な対比」と、それが文中に存在しない「暗示的な対比」がある。
> 明示的な対比は「～は～が／けど、～は…」という文型で表される。

練習1 「は」を使って文を完成してください。

1．田中さんは英語は話せますが、＿＿＿＿＿＿＿＿＿＿＿＿＿＿＿＿＿＿＿＿。
2．行きは歩いて行ったけど、＿＿＿＿＿＿＿＿＿＿＿＿＿＿＿＿＿＿＿＿＿。
3．彼は普段は物静かな人ですが、＿＿＿＿＿＿＿＿＿＿＿＿＿＿＿＿＿＿＿。

○暗示的な対比

問2 次の文のb文はa文とどう違うか考えてください。

1．a．私は今日中にこのレポートを書くつもりだ。
　　b．私は今日中にこのレポートは書くつもりだ。
　違い：＿＿＿＿＿＿＿＿＿＿＿＿＿＿＿＿＿＿＿＿＿＿＿＿＿＿＿＿＿＿

2．a．この本はおもしろくない。
　　b．この本はおもしろくはない。
　違い：＿＿＿＿＿＿＿＿＿＿＿＿＿＿＿＿＿＿＿＿＿＿＿＿＿＿＿＿＿＿

- 一文中に「は」が2つある場合、2つ目の「は」は普通（暗示的な）対比となる。
  例えば、「私は今日中にこのレポートは書く。」という文は、「レポート」を「他の宿題」と対比し、「他の宿題はできるかどうかわからないが、少なくともこのレポートだけは今日中に書く」という意味である。
- イ形容詞、ナ形容詞を否定の対比の対象とするときには「～くは／～ではない」という文型を使う。このとき、「～くは／～ではないが、…」の「…」の部分が暗示される。
  例えば、「おもしろくはない」は「おもしろくはないが、役に立つ」のような意味になる。

練習2 次の文に続く適切な文を考えてください。

1. 私は博士論文の目次は書けた。
   →しかし、＿＿＿＿＿＿＿＿＿＿＿＿＿＿＿＿＿＿＿＿＿＿＿＿＿。
2. 私はこの本の著者の名前は知っている。
   →しかし、＿＿＿＿＿＿＿＿＿＿＿＿＿＿＿＿＿＿＿＿＿＿＿＿＿。
3. 母の料理は見た目はよくない。
   →しかし、＿＿＿＿＿＿＿＿＿＿＿＿＿＿＿＿＿＿＿＿＿＿＿＿＿。

問3 「は」を入れたほうが自然なら「は」を入れてください。入れないほうが自然なら×を書いてください。

1. 田中さんから（　　）返事が来た。しかし、山田さんから（　　）まだだ。
2. 今度のパーティーの世話役を加藤さんと吉田さんに頼むことになった。加藤さんに（　　）手紙を書いた。吉田さんに（　　）メールを出した。

「は」が主語ではないとき（=「には、からは、とは」などのとき）、その「は」は（普通）対比になる。

練習3　「は」が必要なら「は」を入れてください。必要ない場合は×を書いてください。
1．田中さんに（　　）私から連絡するので、吉田さんに（　　）山田さんから連絡してください。
2．佐藤さんと（　　）さっき会いましたが、上田さんと（　　）まだ会っていません。
3．第一志望の大学から（　　）合格通知が来て、両親と（　　）大喜びした。

●**数量語＋は** ……………………………………………………………………………………

問4　下線部が表す意味として適切なのはどちらですか。
1．証明書の発行には3日はかかる。
　　a．証明書の発行にかかる日数は3日以上になる。
　　b．証明書の発行にかかる日数は3日に達しない。
2．シンポジウムの参加者は多いと思うが、200人は来ないだろう。
　　a．参加者は200人未満だろう。
　　b．参加者は200人以上になるだろう。

> 数量語＋は
> Aは＋肯定：Aは最低の数だ。A以上だ。
> Aは＋否定：Aに達しない。Aより少し少ない数だ。

練習4　「数量語＋は」を使って文を完成してください。
1．こんなに行列ができているから、＿＿＿＿＿＿＿までに＿＿＿＿＿＿＿＿＿＿。
2．＿＿＿＿＿＿＿＿＿＿＿＿＿＿＿＿＿＿＿＿のに、＿＿＿＿＿＿＿は必要だ。
3．＿＿＿＿＿＿＿＿＿＿＿＿＿＿＿＿＿＿＿が、＿＿＿＿＿＿＿はかからない。

II その他の助詞

●数量語＋も

問5 下線部が表す意味として適切なのはどちらですか。

1．昨夜田中さんはワインを３本も飲んだそうだ。
　　ａ．３本飲んだ。３本は予想より多い。
　　ｂ．実際飲んだのは３本より少し少ない。
2．彼とは５年も会っていない。
　　ａ．５年間会っていない。５年は予想より長い。
　　ｂ．会ったのは３年ほど前だ。
3．Ａ：そのレストランは駅から遠いですか。
　　Ｂ：いえ、駅から10分もかからない便利な場所にありますよ。
　　ａ．10分かかる。10分は予想より多い。
　　ｂ．実際かかるのは10分より少し少ない。
4．教室には学生は１人もいない。
　　ａ．ぜんぜんいない。
　　ｂ．少しいる。

・数量語＋も（肯定文）：その数は予想より大きい。
・数量語＋も～ない（否定文）：①～ない数は、予想より大きい。
　　　　　　　　　　　　　　　②実際の数は少し小さい。
・１＋助数詞（個・人など）も～ない＝ぜんぜん～ない

練習5「数量語＋も」を使って文を完成してください。

1．銀行が混んでいたので、＿＿＿＿＿＿＿＿＿＿＿＿＿＿＿＿＿＿＿＿＿＿＿＿＿＿。
2．＿＿＿＿＿＿＿＿＿も＿＿＿＿＿＿＿＿＿＿＿＿＿ので、試験に受かるか心配だ。
3．＿＿＿＿＿＿＿も乗っていないのに＿＿＿＿＿＿＿＿＿＿＿＿＿＿＿＿＿。
4．＿＿＿＿＿＿＿＿あいだ、１日も＿＿＿＿＿＿＿＿＿＿＿を忘れたことはない。

● 数量語＋しか〜ない

問6 どちらが適切ですか。

1. A：この本は再来週まで借りられますか。
   B：それは特別図書なので、3日 ｛も・しか｝ 借りられません。
2. A：そのTシャツいくらだったの？
   B：千円 ｛は・も｝ したと思うけど、二千円 ｛は・しか｝ しなかった。
3. A：1時に寝て5時に起きたので、今日は眠いです。
   B：えっ？ 4時間 ｛も・しか｝ 寝ていないんですか。

数量語＋しか〜ない：その数より多く〜ないから、不十分だ。

練習6 「数量語＋しか〜ない」を使って、文を完成してください。

1. 急ごう。出発まで＿＿＿＿＿＿＿＿＿＿＿＿＿＿＿＿＿＿＿＿＿。
2. 買い物に行く前にATMに行かなければならない。財布の中に＿＿＿＿＿＿＿＿
   ＿＿＿＿＿＿＿＿＿＿＿＿＿。
3. 日本語を＿＿＿＿＿＿＿＿＿＿＿＿＿＿から、＿＿＿＿＿＿＿＿＿＿＿＿＿＿。

☕ちょっと一息 ④

「（数）も＋〜ば」

「（数）も＋〜ば」は、最高の数をとりたてて大体の数を表す。

・10分もタクシーに乗れば、会場に着くだろう。（最高10分）
・A：いくつ必要ですか。
　B：そうですね。3つもあれば十分です。（最高3つ）

●しか〜ない

問7 どちらが適切ですか。

1．先生：漢字は読めますか。
　　学生：まだひらがな｛だけ読めます・しか読めません｝。
2．ほしいもの｛だけ取って・しか取らないで｝、あとは返してください。
3．A：会議が始まるまで、まだ時間がありますか。
　　B：いや、少し｛だけあります・しかありません｝。会議室まで走らないと間にあいません。
4．私は日本語が少し｛しかわかりません・だけわかります｝から、英語で話してください。

> AだけB：Aが唯一「B（だ）」ということを表す。
> AしかBない：Aについて「B（だ）」、A以外について「B（で）ない」から、不十分で期待はずれという気持ちを表す。
> ただし、Aが数量語のときは、Aより多くB（で）ないから不十分だということを表す。

練習7 どちらが適切ですか。

1．朝食はバナナ｛だけ食べる・しか食べない｝から、すぐおなかがすく。
2．草の中に猫のような黒い影が見える。目｛だけが光っている・しか光っていない｝。
3．うちの犬はここ数日調子が悪くて、水｛しか飲めない・だけ飲める｝。
4．手術の日は何も食べられないが、翌日は水｛しか飲めない・だけ飲める｝。
5．A：中国語上手ですねえ。英語も話せるんでしょう？
　　B：いえ、中国語｛しか話せません・だけ話せるんです｝。

ちょっと一息 ⑤

「だけだ」

「だけ」は動詞・形容詞に接続して述語になることがあります。「だけだ」は、「ほかではない」という意味になります。
- 店員：何をお探しですか。
  客：いえ、（買うつもりではなく）見ているだけです。
- A：気分が悪いの？
  B：いや、眠いだけだ。

「～するだけでいい」は、必要な動作が「～すること」だけで、それ以外は必要ないことを表します。
- A：ビザを取るには大使館に行かなければなりませんか。
  B：いえ、インターネットで必要な情報を入力するだけでいいです。

ちょっと一息 ⑥

「のみ」

堅い文体では、「だけ」が「のみ」になり、「だけでなく」は「のみならず」になることがあります。
この食堂は夏休み期間中のみ営業いたします。
都市部のみならず地方でも核家族化が進行している。

●名詞ばかり

問8 どちらが適切ですか。
1．弟は酒 { だけ・ばかり } 飲んで、仕事をしない。
2．A：あのレストランは、土日が休みだよね。
　　B：いや、休みは、日曜日 { だけ・ばかり } だよ。

> 名詞＋ばかり
> Aだけ：Aが唯一
> Aばかり：ほとんどみんなA、いつもA（予想より数が多いことを表すので、不満な気持ちを示すことが多い。）

練習8 「ばかり」を使って、文を完成してください。
1．＿＿＿＿＿＿＿＿＿＿＿＿＿＿＿＿＿＿＿食べないで野菜も食べたほうがいい。
2．最近の若者は＿＿＿＿＿＿＿＿＿＿＿＿＿＿＿＿＿＿＿＿＿＿＿＿＿＿＿＿＿。
3．＿＿＿＿＿＿＿＿＿＿＿ばかりだから、＿＿＿＿＿＿＿＿＿＿＿＿＿＿＿＿＿。

●動詞てばかりいる

問9 下線部を「動詞てばかりいる」の形に変えてください。
例：夫は寝ている→夫は寝てばかりいる
1．弟は遊んでいる。→
2．彼はなまけている。→

> 動詞＋てばかりいる
> （動詞）することが多い、ずっと（動詞）している

練習9 文を完成してください。
1．＿＿＿＿＿＿＿＿＿＿＿＿＿＿＿ばかりいないで＿＿＿＿＿＿＿＿＿ください。
2．＿＿＿＿＿＿＿＿＿＿＿＿＿ばかりいるから、＿＿＿＿＿＿＿＿＿＿＿＿＿。
3．前は＿＿＿＿＿＿＿＿ばかりいたが、今は＿＿＿＿＿＿＿＿＿＿＿＿＿＿＿。

● こそ

問 10-1 「こそ」が暗示するものとして、適切なほうを選んでください。

1．健康こそが財産だ。健康はお金では買えない。
   → ｛健康・健康以外｝はともかく、｛健康・健康以外｝が財産だ。

2．田中：大変お世話になりました。
   鈴木：いや、私のほうこそお世話になりました。
   → ｛田中さん・鈴木さん｝はともかく、｛田中さん・鈴木さん｝のほうが世話になったと思っている。

問 10-2 どちらが適切ですか。

1．今年は病気をしたりして、大変な年だった。来年こそいい年に｛なりそうだ・したい｝。

2．A：田中さんには会長は無理じゃないかなあ。
   B：僕は田中さんこそ会長に｛ふさわしい・ふさわしくない｝人だと思うよ。

3．A：時間がないから、早く行きましょう。急がないと、間にあいません。
   B：いや、急いでいるときこそ、ゆっくり行動｛する・すべきだ｝よ。

AこそB
・他はともかくBなのはA
・相手が気づきにくいことに気づかせる。例えば、「夏こそ風邪に注意が必要だ」は、「他の季節はともかく夏が風邪に注意が必要だ」というように相手が気づきにくいことに気づかせる。
・判断を表す述語を用いて注意を喚起したり、説得したりする。例）べきだ、なければならない、たい
・否定文や単純な Yes/No 疑問文では使いにくい。

練習10　文を完成してください。
1．忙しいときにこそ_____。
2．_____ときこそ、_____。
3．_____にこそ、_____が必要だ。

●からこそ

問11 空欄に入れるものとして、「からこそ」が適切な文は、aとbのどちらですか。

1. a. 子どもは寒いと家に閉じこもりがちになるが、寒い_____、外で体を動かして遊ばせたい。
   b. 昨日は上着1枚で大丈夫だったが、今日は寒い_____コートなしでは出かけられないな。
2. a. 新聞によると、不景気で外食産業が不調らしい。不景気だ_____外食を控える人が増えているのだろう。
   b. 企業は景気が悪くなると人材教育にお金をかけなくなるが、不景気だ_____人材教育が重要なのだ。何と言っても、企業を支えているのは人なのだから。
3. a. A：仕事をしながら、大学を卒業するなんてすごいね。
      B：いや、一番大変だったのは家族だよ。家族が協力してくれた_____卒業できたんだ。
   b. 仕事をしながら、大学を卒業するのは大変だった。でも、家族が協力してくれた_____うれしかった。

AからこそB
- Bの理由は、「他の理由」でなく「A」
- 相手が気づきにくいことに気づかせる。例えば、「このパンは硬いからこそおいしい」という文は、「このパンがおいしいのは、やわらかいからでなく硬いからだ」として相手が気づきにくいことに気づかせる。
- Aは、形容詞や可能表現（できる、わかるなど）、「〜たい」など状態を表す語になりやすい。

練習11 文を完成してください。

1. 宝くじに当たったからこそ、_____ができた。
2. _____からこそ、健康の大切さがわかる。
3. _____からこそ、厳しくしかるんだ。
4. 戦後、日本は戦争を放棄したからこそ、_____。

●さえ

問 12-1 どちらが適切ですか。

1．熱が高くて｛起き上がる・会社に行く｝ことさえできない。
2．忙しくて｛寝る・映画を見る｝時間さえ惜しんで働いている。
3．急いでいたので、｛掃除すること・かぎをかけること｝さえ忘れて出かけてしまった。

問 12-2 不自然な文はどれですか。

1．自分の家がどこにあるのかさえわからない。
2．自分の家がどこにあるのかさえわかりますか。
3．自分の家がどこにあるのかさえ教えてください。
4．ごはんを食べる時間さえもったいない。
5．ごはんを食べる時間さえ作りましょう。

> Aさえ
> ・Aは極端な例で、ほかは当然そうだということを暗示する。
> ・質問・勧誘・依頼などには使わない。

練習12 文を完成してください。

1．息子はまだ小さいので、＿＿＿＿＿＿＿＿さえ自分で＿＿＿＿＿＿＿＿。
2．この仕事はおもしろくて、＿＿＿＿＿＿＿＿さえ＿＿＿＿＿＿＿＿。
3．＿＿＿＿＿＿＿＿さえ＿＿＿＿＿＿＿＿。

●〜さえ〜ば

問13 下線部が言えるためには、何が必要ですか。
1．お湯さえあれば、ラーメンが食べられる。
2．雨さえやめば、試合が再開できる。

> Aさえ〜ばB
> ・Bの成立に必要なのはAだけだ
> ・「英語さえ話せれば、あの学校の英語教師になれる」という文は、「あの学校の英語教師になるために他は必要なく、必要なのは英語が話せることだけだ」という意味で、唯一の成立条件を強調する。

練習13 文を完成してください。
1．_____さえ_____ば_____ことができる。
2．_____さえ_____ば幸せだ。
3．_____さえ_____なければ_____。

●「なんか／なんて」

問14-1 どちらが適切ですか。
1．漢字の勉強なんか、｛つまらない・おもしろい｝。
2．うちはマンションなのに、娘が猫を飼いたいなんて言って｛うれしい・困っている｝。

> Aなんか／なんて
> 話し手がAを軽視、または、否定的に評価している。話しことばで用いられる。

問14-2 どちらが適切ですか。
1．あんなところで田中さんに会う｛なんて・なんか｝、本当に驚いたよ。
2．A：人事課の山中さん、知ってる？
　　B：山中｛なんて・なんか｝人知らないなあ。
3．鈴木：田中さんってやさしいね。
　　田中：僕はやさしく｛なんて・なんか｝ないよ、心の中では怒ってるんだ。

「なんか」「なんて」の違い

(1) 「なんか」しか使えない場合

・名詞の否定
  例）病気｛○なんか／×なんて｝じゃない。

・形容詞の否定
  例）やさしく｛○なんか／×なんて｝ない。
    親切｛○なんか／×なんて｝じゃない。

(2) 「なんて」しか使えない場合

・「などと」「などとは」の意味
  例）台風が来る｛×なんか／○なんて｝言う。
    こんなに早く来る｛×なんか／○なんて｝驚いた。

・「などという」の意味
  例）ソミー｛×なんか／○なんて｝会社
    留学｛×なんか／○なんて｝こと

練習 14-1　どちらが適切ですか。

1. 息子が交通事故にあった｛なんて・なんか｝信じられない。
2. 納豆｛なんて・なんか｝ものは食べたくない。
3. 1回しか使ってないものを捨てる｛なんて・なんか｝もったいない。
4. きれいだと言われましたが、うちの娘は美人｛なんて・なんか｝じゃないです。
5. この店が今日休みだ｛なんか・なんて｝思ってもみなかった。

練習 14-2　文を完成してください。

1. A：風邪を引いたみたい。薬でも飲もうかな。
   B：薬なんか＿＿＿＿＿＿＿＿＿＿＿＿＿＿＿。
2. A：今度の休み、温泉に行かない？
   B：温泉なんて＿＿＿＿＿＿＿＿から＿＿＿＿＿＿＿＿＿＿＿＿＿＿。
3. 弱い者をいじめるなんて、＿＿＿＿＿＿＿＿＿＿＿＿＿＿＿＿。
4. ＿＿＿＿＿＿＿＿＿＿＿＿＿＿なんて言わないでください。
5. ＿＿＿＿＿＿＿＿＿＿＿＿＿＿なんてことは、できればしたくないです。

●「で」と「に」

問 15 どちらが適切ですか。

1．日本は世界｛に・で｝一番の長寿国だ。
2．国立競技場｛に・で｝大勢の人が詰めかけている。
3．弟は今ニューヨーク｛に・で｝住んでいる。
4．弟は今アメリカ｛に・で｝経営学を勉強している。
5．このホール｛に・で｝今夜ピアノのコンサートがある。
6．小学生でも3人｛に・で｝1人は携帯電話を持っている。

> AでB：①動作を行う場所を表す。（例：教室で勉強する）
> 　　　＊「出来事」が起こる場所も「で」で表す。（例：デパートでバーゲンがある）
> 　　　②比較や序列の範囲を表す。（例：世界で3位、クラスで1番）
> AにB：①存在する場所を表す。（例：家にいる、2階にある）
> 　　　②移動の着点を表す。（例：大学に行く、店に来る）
> 　　　③割合を表す。（例：1週間に2回）
> ＊「で暮らす／に住む」「で働く／に勤める」は注意が必要です。

練習 15-1 どちらが適切ですか。

1．姉は銀行｛に・で｝勤めていますが、私は、出版社｛に・で｝働いています。
2．この会社の売り上げは、業界｛に・で｝ナンバー1だ。
3．私は来週中国｛に・で｝出張する。
4．東京では、10組｛で・に｝1組が国際結婚だそうだ。
5．田中さんと鈴木さん｛に・で｝は、田中さんのほうが背が高い。
6．今夜、食堂｛に・で｝留学生のパーティーがあります。

練習 15-2 文を完成してください。

1．_____と_____と_____では、_____が最も_____。
2．_____さんは、このクラス____一番_____。
3．私は1週間____1度_____。
4．彼はアメリカに_____から、_____。

2. 総合練習

1．どちらが適切ですか。
(1) 南アフリカ｛に・で｝サッカーの試合がある。
(2) ここでは1週間｛に・で｝1回会議を開くことになっている。
(3) 部長は今アメリカ｛に・で｝出張している。
(4) 部長はアメリカ｛に・で｝国際会議に出席した。
(5) 昨日倒産したのは、アメリカ｛に・で｝最大手の銀行だ。
(6) 日曜日は夫は寝て｛だけ・ばかり｝いて、ぜんぜん家事を手伝ってくれない。
(7) このメールは会員の方に｛だけ・ばかり｝お送りしています。
(8) 田中さんはいつも文句｛だけ・ばかり｝言っている。

2．どちらが適切ですか。
(1) 道路が渋滞しているから、家に着くまで3時間は｛かかる・かからない｝な。
(2) A：疲れたな。もう帰りたいな。
　　B：大丈夫。渋滞を抜けたから、家まで30分も｛かかる・かからない｝よ。
(3) A：今日のパーティーには何人ぐらい来てたの？
　　B：うーん。とにかくたくさん来てたよ。千人｛は・しか｝来ていなかったかもしれないけど、五百人｛は・も｝来てたと思う。
(4) 田中さんには少なくとも10年｛は・しか｝会っていないと思う。

3．どちらが適切ですか。
(1) A：日本語がわかりますか。
　　B：すみません、私は日本語が少し｛だけわかります・しかわかりません｝。
(2) A：その本は私も読みました。おもしろいですよね。
　　B：あ、あの、少し｛だけ読みました・しか読んでいません｝から、まだおもしろいかどうかわかりません。
(3) 出発まであと3日｛だけある・しかない｝から、予約の変更はできない。
(4) ｛妻・知人｝にさえ、会社を辞めることを言っていない。
(5) この種の魚は｛自分の子供・他の魚の子供｝さえ食べてしまうそうだ。
(6) 忙しくて、｛昼ごはんさえ食べられない・旅行さえできない｝状態だった。

4．文を完成してください。

(1) 私は忙しいんだから、＿＿＿＿＿＿＿＿＿＿＿＿＿＿＿なんて言わないでよ。

(2) 天気さえよければ、＿＿＿＿＿＿＿＿＿＿＿＿＿＿＿＿＿＿＿＿＿。

(3) この問題は難しいからこそ、＿＿＿＿＿＿＿＿＿＿＿＿＿＿＿＿＿＿。

(4) A：疲れたでしょう。
　　B：いいえ、＿＿＿＿＿＿こそ＿＿＿＿＿＿＿＿＿＿＿＿＿＿。

(5) 私のアパートは駅には近いが、＿＿＿＿＿＿＿は＿＿＿＿＿＿＿＿。

(6) その温泉は山の中にあるので、車では行けるが、＿＿＿＿では＿＿＿＿＿＿。

☕ちょっと一息 ⑦

「なんか／なんて」による例示の用法

「なんか／なんて」は、話しことばで、「例えば」の意味で使うことができます。この場合、否定的な意味はありません。

・A：夏休みにドライブに行かない？
　B：いいよ、どこがいいかな。
　A：富士山なんか／なんてどう？

III 「は」と「が」

ウォームアップ

A. より適当なほうに○をつけてください。
 1. 友だち {は・が} 来たので、出かけるのをやめた。
 2. 私 {は・が} 一生懸命勉強しているときに、夫はパチンコをしていた。
 3. 彼女 {は・が} 初めて私にくれた手紙は引き出しにしまってある。

> 節の中では原則として「が」を使う。

B. より適当なほうに○をつけてください。
 1. 私 {は・が} 一生懸命勉強して、志望していた大学に入った。
 2. 田中さん {は・が} 自分が読み終わった本を僕に貸してくれた。
 3. 佐藤さん {は・が} いつも熱心に授業に出ている学生に食事をごちそうした。

> 文の中では原則として「は」を使う。

C. 次のa、bのうち、その文を言うのに特別な文脈が不要なほうに○をつけてください。
 1. a．吉田さんはハンサムだ。
    b．吉田さんがハンサムだ。
 2. a．田中さんは大学の教授です。
    b．田中さんが大学の教授です。

> 文の中で「が」を使うと特別な文脈が必要になるのが普通である。

1. 「は」が使えない場合

問 1-1 次の名詞を A～D のタイプに分類してください。

| 男の子　何　私　田中さん　本　山田部長　彼女　これ　どこ　日本　自動車 |

A：疑問語（Question word　例：だれ）
B：代名詞（Pronoun　例：彼）、指示詞（Demonstrative　例：そこ）
C：固有名詞（Proper noun　例：佐藤さん）
D：普通名詞（Common noun　A～C 以外の名詞　例：机、リンゴ）

A：＿＿＿＿＿＿＿＿＿＿＿＿＿＿＿
B：＿＿＿＿＿＿＿＿＿＿＿＿＿＿＿
C：＿＿＿＿＿＿＿＿＿＿＿＿＿＿＿
D：＿＿＿＿＿＿＿＿＿＿＿＿＿＿＿

ルール 1-1
名詞の中にはいくつかの種類がある。

問 1-2 次の文が正しければ○、間違っていれば×を（　　）に書いてください。
1．だれはこの本を書いたんですか。（　　）
2．ここにあるクッキーの中でどれは一番おいしいですか。（　　）
3．問題となっているのは何ですか。（　　）

ルール 1-2
「は」の前には疑問語は来ない。疑問語は述語の位置には来ることができる。

問 1-3 次の a、b のうち、話し始めで使うほうに○をつけてください。
1．a．机の上に本が置いてある。
　　b．本は机の上に置いてある。
2．a．10時ごろに男の人が来ました。
　　b．男の人は10時ごろに来ました。

3．a．彼の家の前に自動車が止まっている。
　　b．自動車は彼の家の前に止まっている。

> ルール 1-3
> 普通名詞が話し始めで使われるとき、「は」は { 使える・使えない }。
> 普通名詞に「は」がつくとき、その普通名詞はそれまでの話に出たものである。

練習 1-1　次の文に間違っているところがあれば、（　）に×を書き、下線を引いて訂正してください。正しいときは（　）に○を書いてください。

例　父は大阪の会社に働いている。　　　（×）
　　　　　　　　──
　　　　　　　　で

1．さっき、男の人は訪ねてきたよ。　　（　）

2．うちの庭に1本の木は生えている。　（　）

3．どんなことが心配ですか。　　　　　（　）

練習 1-2　適当なほうに○をつけてください。
1．その村にたくさんの人 { は・が } 住んでいました。
2．海岸に何百ものガラスのかけら { は・が } 落ちていた。
3．昨日、A大学の男子学生 { は・が } 誘拐されたらしい。男子学生 { は・が } 有名な歌手の弟だそうだ。
4．A：この問題集は難しいです。
　　B：どこ { は・が } 一番難しいですか。

2. 節の場合

2-1. 従属節の場合(1)

問 2-1 適当なほうに○をつけてください。
1. 田中さん{は・が}説得しても、私は考えを変えるつもりはない。
2. 佐藤さん{は・が}パソコンを買ったら、山田さんも買うだろう。
3. 森さん{は・が}パーティーに来たが、林さんは来なかった。

> ルール 2-1
> 従属節の中では普通{は・が}を使う。ただし「けど・けれど（も）・が」の節では{は・が}を使う。

練習 2-1 次の文に間違っているところがあれば、(　　)に×を書き、下線を引いて訂正してください。正しいときは(　　)に○を書いてください。

例　父は大阪の会社に働いている。　　　　　　　　　　（ × ）
　　　　　　　　――
　　　　　　　　で

1. 雨はやんだら、出かけましょう。　　　　　　　　　　（　　）

2. 田中さんは来るまで、待ってください。　　　　　　　（　　）

3. 私はその工場で働いていたとき、彼女はまだ学生だった。（　　）

4. 山田さんは会議に出ていますが、私は時間があります。　（　　）

5. 私が新宿へ行きますが、田中さんはどうしますか。　　（　　）

2-2. 名詞修飾節の場合

問 2-2 適当なほうに○をつけてください。
1. 山田さん{は・が}さしていたような傘(かさ)がほしい。
2. ヤンさん{は・が}話す日本語はとても美しい。
3. 吉田さん{は・が}読んでいたのは英語の本だ。
4. 洋子さん{は・が}手話ができることを知らなかった。

> ルール 2-2
>
> **名詞修飾節**の中では通常 {は・が} を使う。
>
> ［私が夏休みに書いた］本はこれです。
> ーー　　　　　　　　　　　ーー
> 名詞修飾節の主語　　　　文の主語

練習 2-2　より適当なほうに○をつけてください。
1．吉田さん {は・が} 愛しているの {は・が} 洋子さんだ。
2．私 {は・が} そのメロンを彼 {は・が} 持ってきたことを知っている。
3．ピカソ {は・が} 書いた手紙が公開された。

☕ちょっと一息 ⑧

節

　節というのは述語を含む、文より小さい単位です。例えば、次の例文の下線部はすべて節です。

・<u>雨が降ったら</u>、試合は中止だ。
・<u>お金がなかったので</u>、コンサートには行かなかった。
・<u>田中さんが来てくれたおかげで</u>、パーティーは盛り上がりました。
・<u>佐藤さんは北京に行きましたが</u>、吉田さんは上海に行きました。

このように、節には「ば、たら、と、なら、から、ので、が、けど」などの接続助詞が含まれます。これらの助詞をともなう節を**従属節**と言います。これに対して、上の例の下線部以外の部分を**主節**と言います。

節にはこのほかに次のような**名詞修飾節**もあります。

・<u>田中さんが働いている</u>レストランはここだ。
・<u>日本の習慣を英語で紹介した</u>本を教えてくれませんか。

従属節と主節を比べると次のような特徴があります。まず、従属節は省略しても文として成り立ちますが、主節を省略すると文としては不十分になります。また、通常の語順では従属節は主節の前に来ます（ただし、話しことばではこのことが成り立たない場合があります）。

2-3. 従属節の場合(2)

問2-3 次のa、bのうち、正しいほうに○をつけてください。

1. a．林さんはここに来たら、みんなが出発することになっている。
   b．林さんはここに来たら、いつも遅くまで話していく。
2. a．山田さんは話し始めると、佐藤さんはあくびを始めた。
   b．山田さんは話し始めると、話し終わるまで長くかかる。

> ルール2-3
> 従属節の主語が主節の主語と同じ時は通常 { は・が } を使う。
> 　彼がここに来ると、急に雨が降り出した。（「彼」は従属節の主語）
> 　彼はここに来ると、急に歌を歌い出した。（「彼」は主節と従属節の主語）

練習2-3 適当なほうに○をつけてください。

1. この仕事 { は・が } 終わったら、いっしょにビールでも飲もう。
2. 彼 { は・が } 週末までにレポートを仕上げて、うちに遊びに来るだろう。
3. 彼女 { は・が } 来たために、計画はうまくいかなかった。

3. 文の場合

3-1. 一般的な場合

問 3-1 適当なほうに○をつけてください。

1. この本 {は・が} 経済学の考え方をやさしく説明したものである。
2. 今、雨 {は・が} 降っていません。
3. 私 {は・が} ジョギングしてから会社に行くことにしている。
4. むかしむかし、あるところにおばあさん {は・が} 住んでいました。ある日、おばあさん {は・が} 川へ洗濯に行きました。

ルール 3-1

一般に文の場合は {は・が} を使う。特に次の場合は普通「は」が使われる。
- 述語が形容詞、名詞のとき
- 主語が1、2人称(「私」「あなた」)のとき
- 習慣的な出来事を述べるとき
- 否定文のとき
- 前に出てきた名詞をもう一度繰り返すとき

練習 3-1 次の文に不自然なところがあれば、(　)に×を書き、下線を引いて訂正してください。自然なときは(　)に○を書いてください。

例　父は大阪の会社に<u>働</u>いている。　　　　　　　　　　　　(　×　)
　　　　　　　　　で

1. 駅前で火事があった。原因がまだ分かっていない。　　　　　(　　)

2. 地球温暖化を止めるのが難しいかもしれない。　　　　　　　(　　)

3. 人類が便利さだけを追求し、環境問題を考えてこなかった。　(　　)

4. 私は自分の経験から人種や国籍で人を差別すべきではないと思う。(　　)

3-2. 例外的な場合(1)－感じたことをそのまま伝える場合（中立叙述）－

問 3-2 適当なほうに○をつけてください。

1. こっちに来て！　富士山 { は・が } 見えるよ。
2. （山の川の水にさわって）ああ、水 { は・が } 冷たい。
3. （ニュース）昨夜首都高速道路で自動車の玉突き事故 { は・が } ありました。

> ルール 3-2
> 次のような場合、文の場合でも { は・が } を使う。
>   1) ある現象を五官（目、耳など）で感じたままに述べる場合。
>   2) 出来事について客観的に伝える場合。
> これらの場合、自動詞が使われることが多い。形容詞が使われることもある。

練習 3-2　適当なほうに○をつけてください。

1. A：外へ出ると風 { は・が } 冷たいね。
   B：本当にそうだね。
2. 冬の北海道の風 { は・が } 冷たい。
3. あっ、アイスクリーム { は・が } 溶けてる。

3-3．例外的な場合(2)－排他－

問 3-3 次のa、bのうち、その文を言うのに特別な文脈が不要なほうに○をつけてください。

1．（田中さんを紹介するとき）
   a．こちらは田中さんです。
   b．こちらが田中さんです。
2．a．先日のテストは難しかった。
   b．先日のテストが難しかった。

ルール 3-3
・ルール 3-1 から「は」を使うと考えられる場合に「が」を使うと「他でもない～が、～だけが」という**排他**の意味になる。
  例えば「田中さんが学生だ。」という文は「田中さん以外は学生ではない。田中さんだけが学生だ。」という意味になる。
・排他の意味になる「が」は疑問語疑問文の答えというニュアンスがある。
  例えば、「その会議には私が出席します。」という文には「その会議にはだれが出席するんですか。」という疑問語疑問文の答えというニュアンスがある。

練習 3-3 次のaとbの意味の違いを説明してください。
1．a．このひまわりの絵は美しい。
   b．このひまわりの絵が美しい。
      違い：＿＿＿＿＿＿＿＿＿＿＿＿＿＿＿＿
2．a．私は買い物に行きます。
   b．私が買い物に行きます。
      違い：＿＿＿＿＿＿＿＿＿＿＿＿＿＿＿＿

問 3-4 より適当なほうに○をつけてください。
1．私の意見のほう {は・が} 彼のより優れていると思う。
2．いじめと戦う方法はある。いじめられても自分を信じること {は・が} 重要だ。
3．このごろ猛暑が続いています。そのほかにも異常気象が報告されています。（中略）地球温暖化問題はますます深刻になると思います。これ {は・が} 私の感想です。

Ⅲ 「は」と「が」

> ルール 3-4
> 次のような場合には普通「が」が使われる。
> ・「A（の）ほうがB」の文型でAとBを比較するとき
> ・「重要だ／大切だ／大事だ」などが述語のとき
> ・それまで述べてきたことのまとめの部分で使われるとき

練習3-4 適当なほうに○をつけてください。

1．吉田さんより佐藤さんのほう｛は・が｝やさしい。
2．相手の心を傷つけたと思ったらすぐに謝ること｛は・が｝大事だ。
3．これまでいろいろ問題点を指摘してきた。以上｛は・が｝私の意見である。

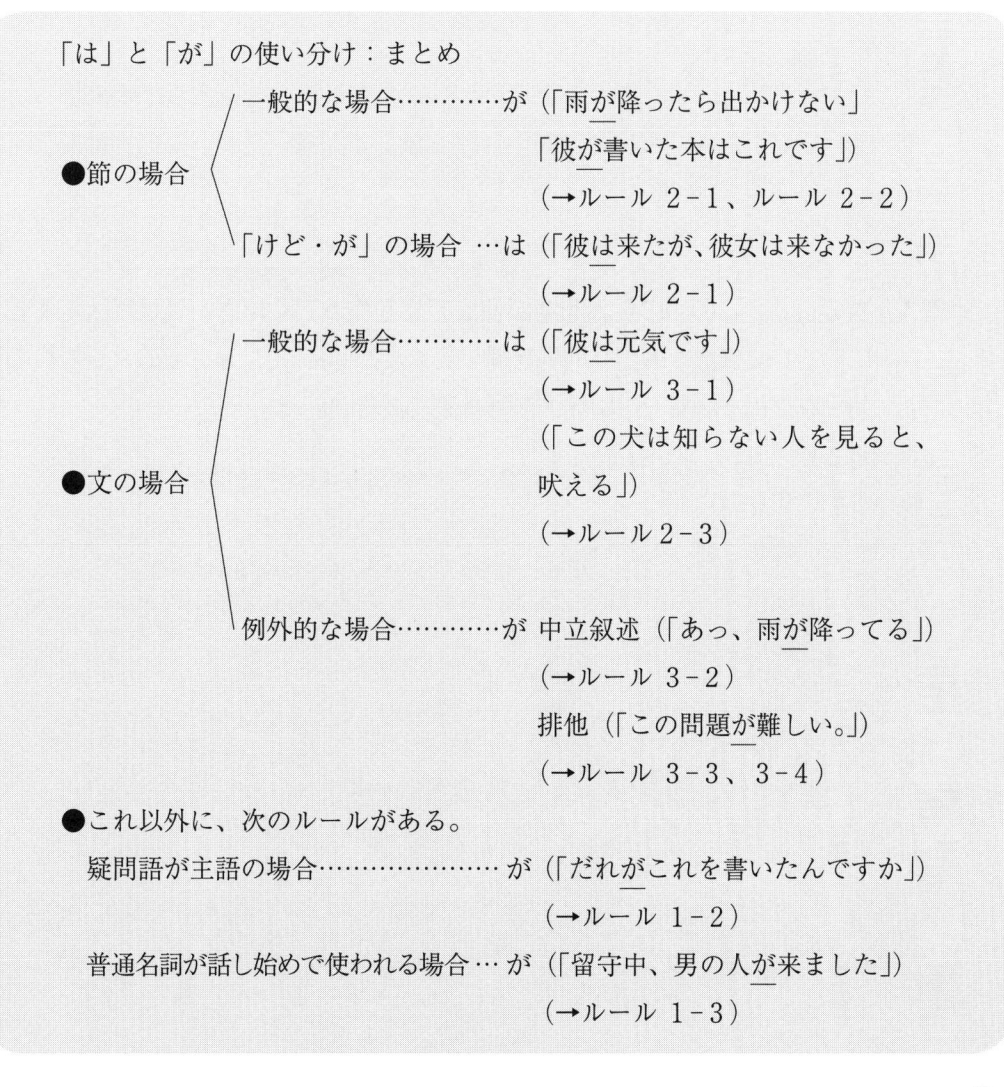

「は」と「が」の使い分け：まとめ

●節の場合
　　一般的な場合………が（「雨が降ったら出かけない」
　　　　　　　　　　　　「彼が書いた本はこれです」）
　　　　　　　　　　　（→ルール 2-1、ルール 2-2）
　　「けど・が」の場合 …は（「彼は来たが、彼女は来なかった」）
　　　　　　　　　　　（→ルール 2-1）

●文の場合
　　一般的な場合………は（「彼は元気です」）
　　　　　　　　　　　（→ルール 3-1）
　　　　　　　　　　　（「この犬は知らない人を見ると、
　　　　　　　　　　　吠える」）
　　　　　　　　　　　（→ルール 2-3）

　　例外的な場合………が 中立叙述（「あっ、雨が降ってる」）
　　　　　　　　　　　（→ルール 3-2）
　　　　　　　　　　　排他（「この問題が難しい。」）
　　　　　　　　　　　（→ルール 3-3、3-4）

●これ以外に、次のルールがある。
　　疑問語が主語の場合………………が（「だれがこれを書いたんですか」）
　　　　　　　　　　　　　　　　　（→ルール 1-2）
　　普通名詞が話し始めで使われる場合…が（「留守中、男の人が来ました」）
　　　　　　　　　　　　　　　　　（→ルール 1-3）

4.「は−が」文

問4 次の（　）に適当な助詞を入れてください（答えが2種類ある場合もあります）。ただし、その文を言うのに特別な文脈が必要でない場合を考えてください。

1．象（　　）鼻（　　）長い。
2．田中さん（　　）背（　　）高い。
3．今日（　　）天気（　　）いい。
4．山田さん（　　）弟さん（　　）医者だ。

> ルール4
> ・同じ文中に「は」と「が」の両方が出てくる場合がある（「は−が」文と言う）。
> ・「AはBがC」は「A」が「BがC」という性質を持っていることを表す文である（例えば、「象は鼻が長い」は「象」が「鼻が長い」という性質を持っていることを表す）。

練習4 次の［　］の中の要素を全部使って文を作ってください（順序は変えてもいいです。また、適当な助詞を補ってください）。ただし、その文を言うのに特別な文脈が必要でない場合を考えてください。

1．［表紙、きれいだ、この本］→＿＿＿＿＿＿＿＿＿＿＿＿＿＿＿＿＿＿＿
2．［強い、力、田中さん］→＿＿＿＿＿＿＿＿＿＿＿＿＿＿＿＿＿＿＿
3．［デパート、今日、休みだ］→＿＿＿＿＿＿＿＿＿＿＿＿＿＿＿＿＿＿＿

ちょっと一息 ⑨

「は」と「が」の関係－入れ替えられる場合－

　ここまで「は」と「が」の違いについて見てきましたが、両者が関係づけられる場合もあります。それは次のような場合です。

　　(1)　こちらが田中さんです。

　(1)はルール 3-3 の排他の場合です。この文が使われるのは次のような場合です。AとBの2人が話をしています。Aは田中さんを知っていますが、Bは知りません。そこでAがBに田中さんのことを説明しています。すると、そこに田中さんが現れました。こうしたときにAがBに対して使うのが(1)です。

　ところで、(1)の意味を考えてみると、「田中さん」は既に分かっていること（「旧情報」と言います）で、「こちら」が新情報であることが分かります。

　　(1)　こちら　が　田中さんです。
　　　　　新情報　　　旧情報

　さて、「は」は主題を表すと言われますが、主題を表すものは旧情報でなければなりません（よく分からないものについて、何かを述べるということは難しいからです）。ここで(1)の語順を次のように変えてみましょう。

　　(2)　田中さん　＿＿　こちらです。
　　　　　旧情報　　　新情報

　(2)の下線部には「は」と「が」のどちらが入りますか。答えは「は」です。

　　(3)　田中さんはこちらです。

　(1)と(3)は同じ意味を表します。このように、「は」と「が」が入れ替えられるのは「AはBだ」（Bは名詞）が「A＝B」の意味である場合です。

ちょっと一息⑩

僕はウナギだ？

　「ちょっと一息⑨」で見たように、「AはBだ」は「A＝B」の意味で使われることがあります。

　さて、「僕はウナギだ。」という文がありますが、これはどういう意味でしょうか。「僕＝ウナギ」という意味でしょうか。その答えは半分正解で、半分不正解です。半分不正解というのはもちろん、「僕」は（生物学的意味で）「ウナギ」ではないからです。では、半分正解というのはどういう意味でしょうか。そのことを説明するために、この文が使われる文脈を考えてみましょう。この文は（典型的には）食堂でウナギを注文するときに使われます。この場合、「僕はウナギを注文する。」といった表現の代わりに使われるのです。言い換えると、「僕が注文するもの＝ウナギ」という関係が成り立つのです。このことから「僕が注文するものはウナギだ。」という文ができ、それが短くなって「僕はウナギだ。」という文ができていることがわかります。同じような例は「（デパートで）食料品は地下だ。」「タマネギはみじん切りだ。」などたくさんあります。こうした表現が可能なのは、「は」が前後のものを結びつける強い働きを持っているためです。

5. 総合練習

1. 次の文の「は」か「が」に不自然なところがあれば、（　）に×を書き、下線を引いて訂正してください。正しいときは（　）に○を書いてください。なお、すべて特別な文脈が必要ではない文として考えてください。

　　例　父は大阪の会社<u>に</u>働いている。　　　　　　　　　　　　　　（ × ）
　　　　　　　　　　　　　で

(1) 今お金<u>は</u>あったら、あのカメラが買えるのになぁ。　　　　　　　（　　）

(2) どれ<u>が</u>前川さんは作った作品ですか。　　　　　　　　　　　　　（　　）

(3) 私は自分を幸運な人間だと思うのは今まで自分の好きなことをしてこられたからだ。
　　　　　　　　　　　　　　　　　　　　　　　　　　　　　　　　　（　　）

(4) 昨日は雨<u>は</u>降って、試合は中止になりました。　　　　　　　　　（　　）

(5) 私の国の教育制度<u>が</u>とても厳しい。　　　　　　　　　　　　　　（　　）

(6) 天気がよくなったので、映画を見に行くことにしよう。　　　　　　　（　　）

(7) 日本の政治家<u>が</u>もっと自分の頭で考えて、行動するべきだ。　　　（　　）

(8) 山田さん<u>が</u>結婚しているが、田中さんはまだだ。　　　　　　　　（　　）

(9) 佐藤さん<u>は</u>書いた手紙は机の上にあるよ。　　　　　　　　　　　（　　）

(10) 彼<u>が</u>みんなの前でコンピューターを使って自分の考えを説明した。（　　）

2. 次の＿＿＿に適当なことばを書いて、文を完成してください。
(1) 彼がここに来ると、いつも＿＿＿＿＿＿＿＿＿＿＿＿＿＿＿。
(2) 彼はここに来ると、いつも＿＿＿＿＿＿＿＿＿＿＿＿＿＿＿。
(3) 赤ちゃんが眠っているあいだに、＿＿＿＿＿＿＿＿＿＿＿＿＿。
(4) 赤ちゃんは眠っているあいだに、＿＿＿＿＿＿＿＿＿＿＿＿＿。

3．適当なほうに○をつけてください。
(1) ほかに出る人がいないのなら、私 { は・が } 会議に出席します。
(2) やっと頂上だ。やっぱり、空気 { は・が } うまい。
(3) 昨夜国道で衝突事故 { は・が } 発生しました。
(4) 日本 { は・が } かつて大陸とつながっていた。

4．{ } の語をすべて使って正しい文を作って下さい。ただし、助詞が1つ足りませんので、適当な助詞を補ってください。なお、特別な文脈が不要な場合を考えてください。
(1) { 小説家、が、田中さん、だ、弟 }

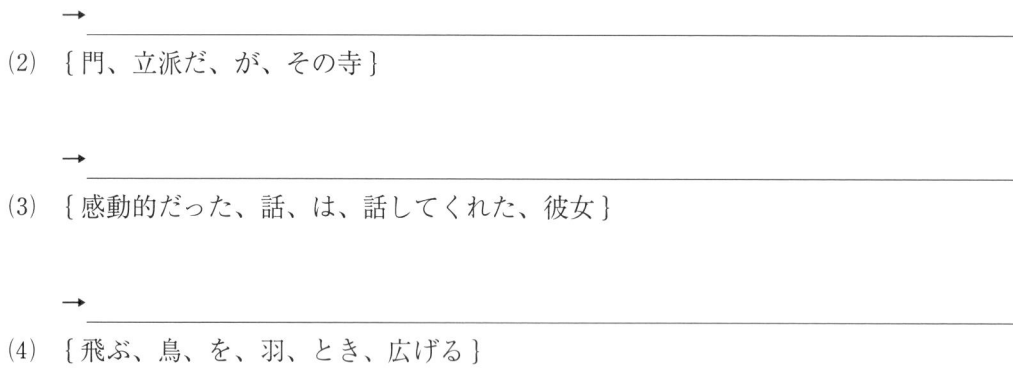

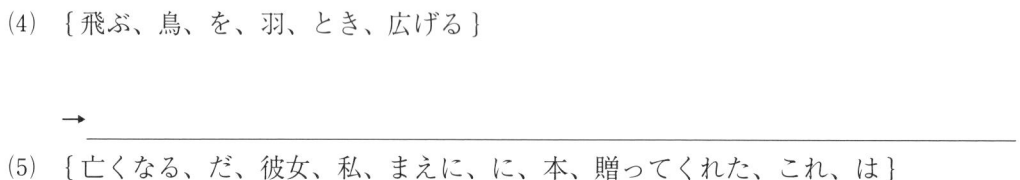

　　→ _____

(2) { 門、立派だ、が、その寺 }

　　→ _____

(3) { 感動的だった、話、は、話してくれた、彼女 }

　　→ _____

(4) { 飛ぶ、鳥、を、羽、とき、広げる }

　　→ _____

(5) { 亡くなる、だ、彼女、私、まえに、に、本、贈ってくれた、これ、は }

　　→ _____

総合演習

1. サマーズ長官は会談終了後、記者団に「世界経済の状況（ア　　　）話し合った。均衡のとれた成長が重要との認識で一致した」と述べ、世界経済の中で回復の遅れが際立っている日本（イ　　　）、早期の景気回復を促した。

(毎日新聞夕刊 2000.1.22 より)

＜問１＞アに入れるのに最も適当なものを次の中から選んで、○をつけてください。
　　　　に対して　　　についての　　　に対する　　　について
＜問２＞イに入れるのに最も適当なものを次の中から選んで、○をつけてください。
　　　　に対して　　　についての　　　に対する　　　について

2. 古代人にとって、異種であって、しかも人間にはないものをたくさんにそなえている蛇が、その崇敬の対象にならないはずはない。
　　このような蛇のもつ力を、人間の形になってしまっている自分らも、何とかして一身に具備したい、と彼らは思う。そのための手段として彼らがとったのは、蛇と人間との間に、一つの関係をつけること、つまり人間を蛇の末裔（ア　　　）とらえることである。
　　このように蛇の子孫（イ　　　）人間を考えるとき、古代日本人（ウ　　　）、その初代の王も、また蛇となってしまうのである。

(吉野裕子『日本人の死生観　──蛇 転生する祖先神』人文書院より)

　　（注）末裔：遠い子孫

＜問１＞ア、イに入れるのに最も適当なものを次の中から選んで、○をつけてください。
　　　　（アとイには同じことばが入ります。）
　　　　にとって　　　に対して　　　として
＜問２＞ウに入れるのに最も適当なものを次の中から選んで、○をつけてください。
　　　　にとって　　　に対して　　　として

3．　さらに、日本人が西洋人を驚かすあいさつの言葉に、「おいくつでいらっしゃいますか」「お子さまは何人ですか」という類がある。これらはまた、西洋人ははなはだしく侮辱されたととるという。しかし、この場合も、日本人においては、相手に対する心づかいの現われである。年を聞かれて、もし具合が悪かったら多少ごまかして少なく言っても日本人は別にとがめないであろう。この問い（ア　　　　　）答え（イ　　　　　）、日本人は「それはお若い。どうみてもきっちりぐらいにしか見えません」という、さらに次の答えを用意している。

（金田一春彦『日本人の言語表現』講談社より）

＜問＞ア、イのそれぞれに入れるのに最も適当な語を書いてください。

4．　関西では昨年7月から、財界などが音頭をとって夏の<u>軽装キャンペーン</u>を展開して
　　　　　　　　　　　　　　　　　　　　　　　　　　　　　　　　　ア
いる。職場のクーラーを28度と高めに設定、背広やネクタイの着用をやめる。「ノーネクタイでも失礼にならない、環境を大切にする風土づくりを進めよう」（秋山喜久・関西経済連合会会長）との狙いだ。徳島県を含む2府7県で実施し、原油換算で年間13万キロリットルの節約につなげる。

　だが、こうした取り組みはまだ一部にすぎない。国内の消費エネルギー量は82年度以降、一貫して増加してきた。1998年度は景気低迷の影響で16年ぶりに前年度比1％のマイナスとなったが、景気回復（イ　　　　　）再び増加が見込まれる。

（毎日新聞朝刊 2000.10.6 より）

＜問1＞下線部アの例を本文から挙げてください。

　　　　　　　　　　　　　　　　　　　　

＜問2＞イに入れるのに最も適当な語を書いてください。ただし「で」は使わないでください。

5. 歎異抄（ア　　　）ふしぎな書物である。
　　これまでにどれほど多くの評論、解説、訳（イ　　　）なされたことだろう。
　　親鸞という人の思想と信仰は、一般にはこの一冊（ウ　　　）伝えられ、理解されたと言ってよい。人びとは、親鸞自身の手になる著書よりも、この歎異抄に触れることで親鸞思想に出会ったと感じたのではあるまいか。
　　私（エ　　　）またその一人だった。（中略）
　　歎異抄は、私（オ　　　）はいまだに謎にみちた存在である。古めかしい聖典ではなく、いきいきした迫真のドキュメントである。この小冊子をつうじて、著者の熱い思いの一端でも再現できれば、というの（カ　　　）私のひそかな願いだった。
　　二〇〇七年夏　金沢への旅の途上にて

(五木寛之『私訳　歎異抄』東京書籍より)

＜問１＞ア、イ、エ、カのそれぞれに入れるのに最も適当な語を書いてください。
＜問２＞ウに入れるのに最も適当な語を書いてください。
＜問３＞オに入れるのに最も適当なものを次の中から選んで、○をつけてください。
　　　　にとって　　　に対して　　　として

6. ──昔と今とは違うんだよ、と僕はゆっくり、その肩に手を置いたまま話し出した。
　　昔（ア　　　）僕だって若かったし、世の中のことは何にも分らなかった。僕は夢中になって生きていたし、世界というのはそういうもの、憎悪も残酷も無慈悲もなくて、愛（イ　　　）あれば足りるものと、そう思っていたんだ。今（ウ　　　）違う、今（エ　　　）、僕の世界と外部の現実とはまったく別のものだということが、僕にははっきり分っている。僕たちは戦争に追いやられたが、僕たちの誰が戦争（オ　　　）したいと思ったものか。こんな野蛮な、無智な、非人間的な戦争なんて、誰が悦んで参加するものか。

(福永武彦『草の花　決定版』新潮社)

＜問１＞ア～エに入れるのに最も適当な助詞を書いてください。ただし、イに「が」は使わないでください。
＜問２＞オに入れるのに最も適当なものを次の中から選んで、○をつけてください。
　　　　こそ　　　さえ　　　なんか

7. カールと私との間にこの差を生み出したのは何だったのか。彼（ア　　　）自分の学生（イ　　　）愛情とか同情といったものをあまり持ち合わせていなかった。彼（ウ　　　）学生について語るのを聴いていると、しばしば敵意（エ　　　）感じられた。用意周到な授業も、懇切な添削も、一つには、学生たちにつけ込む隙を与えないために意地になってやっていたと思える節もないではない。大量落第をさせるには正当な理由が必要だからだ。こうしたカールの態度に学生たちが気づかぬはずはない。学生というもの（オ　　　）、教授が自分たち（カ　　　）どんな感情を持っているかを見抜くことにかけては天才的である。瞬間的に見抜いてしまう不思議な本能を持っている。カール（キ　　　）それに気づいていないようだった。たとえ気づいても彼は自分を変えようとはしなかったろうが。

（藤原正彦『若き数学者のアメリカ』新潮文庫刊）

（注）〜思える節がある：〜と考えられるところがある

＜問＞ア〜キに入れるのに最も適当な語を書いてください。ただし、エに「が」は使わないでください。また、イとカについてはＡの中から選んでください。

　　Ａ：｛に対して、について、についての｝

8. 私たち（ア　　　）他人を嫌いになるのには、さまざまな理由があります。例えば、嫉妬や軽蔑、「相手が自分の期待に応えてくれない」「相手が自分に対して無関心である」などでしょう。

　しかし、いずれの理由にも共通しているのは、相手の言動や存在そのもの（イ　　　）、自分の生き方や価値に自分自身が疑問を持ってしまうようなときに、相手を嫌いになり、悪意を抱くようになるということなのです。すなわちそれは、自尊心を傷つけられ、これまでの生き方を否定されるものに出会ったときに、私たち（ウ　　　）身を守ろうとする手段なのです。（中略）

　この仕組みをいったん理解すれば、自分（エ　　　）相手から嫌われたときに、なぜ嫌われているのかを要因分析できるようになります。そして、相手と自分との関係の中で改善できるところ（オ　　　）改善すればいいですし、どうしても改善できないことは無理に解決しようとせず、静かに相手と離れるのも解決策の一つ（カ　　　）考えられるようになります。

（朝日新聞朝刊 2010.1.30「勝間和代の人生を変えるコトバ」より）

＜問＞ア〜カに入れるのに最も適当な語を書いてください。

9. 1）〜4）と同じ用法を下のア〜ウの下線部から選んでください。

1）=（ ア ）食生活を調べると、ウイグル族は桑の実、イチジクなど全体的に菜食で特にくだものが多かった。これに対し、カザフ族はあまり野菜は食べず、ヤギのミルクにお茶を入れたミルクティーに塩を加えて飲む人が多く、普通でも1日十数杯も飲んでいた。かなり塩辛く、食塩の摂取量がかなり多かった。
（毎日新聞朝刊 1999.1.6 より）

2）=（ イ ）旅行の最終日はまだ行っていなかったキャンベラ市内へ。とても小さな街なので、中心部を見て回るのに1日もかかりませんでした。やはりオーストラリアは街でなく、海を楽しむ国だと感じました。

3）=（ ウ ）外国訪問のため特別機が北京空港で給油した際、外相は機外に一歩も出なかった。

4）=（ ア ）5日の東京株式市場は続落し、日経平均株価の終値は前日終値比183円15銭安の1万3232円74銭と、2日間で600円以上も値下がりした。

ア．昨夜は10時間も寝たので、今日は全然眠くない。

イ．学生食堂なら安いので、カレーでも500円もしない。

ウ．このクラスにはメガネをかけた学生は1人もいない。

10.　ご存じのように、この国は雰囲気、いわゆる空気で動く。環境問題が空気になるの
　　　　　　　　　　　　　　　　　　　　　　　　　　　　　　ア
は、望ましいことではない。きわめて具体的な問題でもあり、将来にとっての重要な
問題でもあるからである。さらにそこには、すでに述べてきたように、これまでの歴
史という面倒な問題が絡んでいる。あのときは俺の都合を無視したではないか。そう
いう人たちが、日本だけではなく、外国にまで増えている可能性があることを銘記す
べきである。

　同じ建設工事でも、自然環境を相手にするときと、都市の再開発では意味が違う。
都市の再開発を考えたら、周囲の住民を頭に入れておくのは当たり前であろう。自然
ならあまり考慮しないで済む。そうした（イ　　　　　）な思考でこれまでやってこ
られたのは、自然の複雑さを理解する人がまだ少ないからであろう。入札してコスト
が安い方をとる。経済だけならそれが常識だが、自然（ウ　　　　　）工事について
は、これは成り立たない。なにが本当に安くつくのか、その計算が難しい。堰を造っ
　　　エ
た方が本当に安くつくのか。どれだけの規模で、どれだけの洪水が起こるか、だれか
予言できるのだろうか。自然（オ　　　　　）コスト計算ができると思っているのは、
しばしば人間側の思い上がりでしかない。
　　　　　　　　　　　　　カ

（毎日新聞朝刊 2000.2.6「時代の風」養老孟司より）

　　（注）この国：日本のことを指す
　　　　　堰：ダム

＜問1＞下線部アはどういう意味か、簡単に説明してください。

＿＿＿＿＿＿＿＿＿＿＿＿＿＿＿＿＿＿＿＿＿＿＿＿＿＿＿＿＿＿＿＿＿＿＿＿＿＿

＜問2＞イに入れるのに最も適当なものを次の中から選んで、○をつけてください。
　　　　　平易　　　安易　　　容易
＜問3＞ウに入れるのに最も適当なものを次の中から選んで、○をつけてください。
　　　　　に対して　　　に対する　　　による
＜問4＞下線部エが指す内容を書いてください。
＜問5＞オに入れるのに最も適当なものを次の中から選んで、○をつけてください。
　　　　　によって　　　に対する　　　について
＜問6＞下線部カ「思い上がり」の意味を簡単に説明してください。

＿＿＿＿＿＿＿＿＿＿＿＿＿＿＿＿＿＿＿＿＿＿＿＿＿＿＿＿＿＿＿＿＿＿＿＿＿＿

11.　80歳を超えてなお、みずみずしい詩を作った女性には、岡山の詩人、永瀬清子さん（1906～95）がいる。88年から89年に、本紙の生活家庭面に毎週、回想録を連載していただいた。

　永瀬さんの回想録の中には、子育ての思い出話もあった。ある日の銭湯の帰り、いつもの道を行こうとすると、よちよち歩きの長女は一向について（A　　　　）、にぎやかな通りへとずんずん歩いて行く。「おうちはこちらよ」と何度呼びかけても聞かない娘を見て、永瀬さんはふと「淋(さび)しさにうたれた」。

　「そうだ、彼女は今まで自分と一体だと思いこんでいたが、小さくても一人の人なのだ」と気づいた永瀬さんは、それまで娘をただかわいいと思って書いていた詩のノートが、「その日かぎり書けなくなった」という。

　日常の中、よちよち歩きのわが子の中に（ア　　　　）、侵(おか)せない「他者」を見つけた母の目に、私は打たれた。詩人であり同時に生活者だった彼女のこの知性（イ　　　　）が、みずみずしい詩の言葉の、源泉だったのだと思う。

（毎日新聞夕刊 2001.2.20 より）

　　（注）侵す：入りこむ、入っていく

＜問１＞ア、イに入れるのに最も適当な語を書いてください。
＜問２＞下線部ａ「よちよち歩き」の意味を簡単に書いてください。
＜問３＞下線部ｂの理由を書いてください。
＜問４＞下線部ｃとほぼ等しい意味となるように（　）に適当な語を書いてください。
　　　　打たれた＝（　　　）した
＜問５＞「くる」を最も適当な形に変えてＡに入れてください。

参考文献

本文を執筆するにあたり、以下の文献を参考にしました。

庵功雄・高梨信乃・中西久実子・山田敏弘（2000）『初級を教える人のための日本語文法ハンドブック』スリーエーネットワーク．

庵功雄・高梨信乃・中西久実子・山田敏弘（2001）『中上級を教える人のための日本語文法ハンドブック』スリーエーネットワーク．

久野暲（1973）『日本文法研究』大修館書店．

久野暲（1983）「「ダケ，ノミ，バカリ，クライ」と格助詞の語順」『新日本文法研究』pp. 157-173，大修館書店．

久野暲（1999）「「ダケ・シカ」構文の意味と構造」アラム佐々木幸子（編）『言語学と日本語教育　実用的言語理論の構築を目指して』pp. 291-319，くろしお出版．

グループ・ジャマシィ（編著）（1998）『教師と学習者のための日本語文型辞典』くろしお出版．

澤田美恵子（2007）『現代日本語における「とりたて助詞」の研究』くろしお出版．

杉本武（1986）「格助詞」奥津敬一郎・沼田善子・杉本武（共著）『いわゆる日本語助詞の研究』pp. 231-380，凡人社．

寺村秀夫（1984）「並列的接続とその影の統括命題」『日本語学』3-8，pp. 67-74，明治書院（寺村秀夫（1992）『寺村秀夫論文集Ⅰ―日本語文法編―』pp. 337-347，くろしお出版に再録）．

寺村秀夫（1991）『日本語のシンタクスと意味Ⅲ』くろしお出版．

友松悦子・宮本淳・和栗雅子（2007）『どんなときどう使う日本語表現文型辞典』アルク．

仁田義雄（1981）「数量に関する取りたて表現をめぐって―系列と統合からの文法記述の試み―」島田勇雄先生古稀記念論文集刊行会（編）『島田勇雄先生古稀記念　ことばの論文集』pp. 191-214，明治書院．

日本語記述文法研究会（編）（2009）『現代日本語文法2　第3部格と構文，第4部ヴォイス』くろしお出版．

日本語記述文法研究会（編）（2009）『現代日本語文法5　第9部とりたて，第10部主題』くろしお出版．

沼田善子（2000）「とりたて」金水敏・工藤真由美・沼田善子（共著）『時・否定と取り立て』pp. 151-216，岩波書店．

野田尚史（1985）『セルフマスターシリーズ1　はとが』くろしお出版．

野田尚史（1996）『新日本語文法選書1　「は」と「が」』くろしお出版.
益岡隆志（1991）『モダリティの文法』くろしお出版.
益岡隆志・田窪行則（1992）『基礎日本語文法―改訂版―』pp. 145-156, くろしお出版.
益岡隆志・野田尚史・沼田善子（編）（1995）『日本語の主題と取り立て』くろしお出版.
三上章（1960）『象は鼻が長い』くろしお出版.

著者
中西久実子　京都外国語大学日本語学科　教授
庵　功雄　一橋大学国際教育センター　教授

編集協力
三枝令子　元一橋大学大学院法学研究科　教授

日本語文法演習

助詞—「は」と「が」、複合格助詞、とりたて助詞など—

2010年7月6日　初版第1刷発行
2016年9月2日　第4刷発行

著　者	中西久実子　庵　功雄
発行者	藤嵜政子
発　行	株式会社　スリーエーネットワーク
	〒102-0083　東京都千代田区麹町3丁目4番トラスティ麹町ビル2F
	電話　営業　03(5275)2722
	編集　03(5275)2725
	http://www.3anet.co.jp/
印　刷	萩原印刷株式会社

ISBN978-4-88319-540-4 C0081
落丁・乱丁本はお取替えいたします。
本書の全部または一部を無断で複写複製（コピー）することは著作権法上での例外を除き、禁じられています。

日本語文法演習
助詞―「は」と「が」、複合格助詞、とりたて助詞など―

解　答

I 複合格助詞

p.3 ウォームアップ

A 1. d 2. c 3. b 4. a
B 1. × 2. で 3. に 4. ×

p.4　1. 対象を表す複合格助詞

●に対して
問1　1. × 2. × 3. ○ 4. × 5. × 6. ○ 7. ○
練習1　1. （例）学費を下げて　2. （例）賠償金を支払うこと
　　　　3. （例）親は子供、惜しみなく愛情を注ぐものだ

p.5　●「に対して」と「について」
問2　1. について　2. について　3. に対して　4. に対して
練習2　1. について　2. に対して　3. について　4. について
　　　　5. に対して

p.6　2. 特徴に注目する複合格助詞

●として
問1　1. ピアニスト　2. 父親　3. 英語の教師
練習1　1. （例）ベッドタウン　2. （例）寺の多い町
　　　　3. （例）新聞記者、働いています　4. （例）この大統領、俳優

●にとって
問2　1. 大変なことだ　2. 子供　3. 重要な貿易相手国だ　4. は

p.7　練習2　1. （例）社員の健康　2. （例）桜、春の象徴のようなもの
　　　　3. （例）フランス、ワイン、水みたいなもの

●「として」と「にとって」
問3　1. として　2. にとって　3. にとって　4. として
練習3　1. として　2. にとって　3. にとって　4. として　5. にとって

p.8　●「にとって」と「に対して」
問4　1. に対して　2. にとって　3. に対して　4. にとって
練習4　1. にとって　2. に対して　3. に対して　4. にとって

p. 9　**3. 情報源を表す複合格助詞**

●**に基づいて**
問1　1．治療計画を作った　2．翌年の年収を決める
　　　　3．人口分布の表を作成した　4．映画を作った
練習1　1．(例) 学生たち、データ、表　2．(例) プロジェクト、運営する
　　　　3．(例) 報告書を書いた

p. 10　●**「によると」と「から」**
問2　1．によると　2．から　3．によると　4．から
練習2　1．(例) この商品は品切れが続いているそうだ　2．(例) 株価
　　　　3．(例) 新聞、昨夜中国で大地震があったそうだ
　　　　4．(例) 少子化の実態がわかる

p. 11　**4. 原因を表す複合格助詞**

●**によって**
問1　1．肺がんの危険率が高くなる　2．5キロ減量できた
　　　　3．急落した　4．電車が遅れた
練習1　1．(例) 太る　2．(例) 多くの人命が失われた
　　　　3．(例) この町の住民が増えた　4．(例) 観光客が増えた

p. 12　●**「によって」と「(の) ため」**
問2　1．のため　2．による
練習2　1．(例) 海外のブランド品が買いやすくなった
　　　　2．(例) 投票日に天気が悪かった

p. 13　**5. 変化を表す複合格助詞**

●**「につれて」「にしたがって」**
問1　1．平均寿命が延びた　2．増えた　3．高くなった
練習1　1．(例) 学費もかかるようになった
　　　　2．(例) 日本人の入学希望者も増加している
　　　　3．(例) 医療費がかかるようになった
　　　　4．(例) 日本語が上手になってきた

p. 14　●**にともなって**

問2　1．につれて／にともなって　2．にともなって　3．にともなって

練習2　1．(例) 幼稚園の数も減っ

2．(例) 私たちの生活も自動化が進んでいる。

3．(例) 社員の制服も新しいデザインにした。

p. 15　**6. 複合格助詞の名詞を修飾する形**

問1-1　1．に基づく（に基づいての）　2．による

3．についての

問1-2　1．関しての／関する　2．による

練習1-1　1．に関する／に関しての　2．による　3．についての

4．にとっての、にとっての

p. 16　**練習1-2**　1．は、に基づく／に基づいての、が

2．による、を

3．は、に対しての／に対する

p. 17　**7. 総合練習**

1．(1)として　(2)に　(3)にとって　(4)にとって　(5)に対して　(6)として
(7)について　(8)として　(9)について　(10)として　(11)経営方針を決める
(12)から　(13)にともなって　(14)による

2．(1)(例) 建物を復元した　(2)(例) 橋が壊れた
(3)(例) 健康診断の結果、ガンであること　(4)(例) 食欲も落ちてきた
(5)(例) 生活も便利になってきた　(6)(例) 公害も出てくるようになった

II その他の助詞

p. 18 ## ウォームアップ

A　1．イ　2．イ
B　1．イ　2．ア　3．ア　4．イ

p. 20 ### 1．その他の助詞

●対比の「は」
○明示的な対比

問1　1．(例) 風、吹いていない　2．(例) 宿題、まだしていない
　　　3．(例) ロシア語、簡単です

練習1　1．(例) 中国語は話せません　2．(例) 帰りはタクシーに乗った
　　　　3．(例) 会議のときには、激しく言い争うこともある

○暗示的な対比

問2　1．bは「レポート」を「他の宿題」と対比し、「他の宿題はできるかどうかわからない」ことを暗示している。
　　　2．bの「おもしろくはない」は「おもしろくはないが、役に立つ」のような暗示をしている。

p. 21　練習2　1．(例) 本論はまだ書けていない　2．(例) 会ったことはない
　　　　　　　3．(例) 味はよい

問3　1．は、は　2．は、は

p. 22　練習3　1．は、は　2．は、は　3．×、×

●数量語＋は

問4　1．a　2．a

練習4　1．(例) 店に入る、1時間はかかるだろう
　　　　2．(例) このレストランで食事する、1人1万円
　　　　3．(例) 駅から遠い、30分

p. 23 ●数量語＋も

問5　1．a　2．a　3．b　4．a

練習5　1．(例) お金をおろすのに1時間もかかった
　　　　2．(例) 半年、授業を休んでいた
　　　　3．(例) 5分、もう船に酔ってしまった

4．（例）留学している、恋人のこと

p. 24 ●数量語＋しか～ない

問6 1．しか 2．は、は 3．しか

練習6 1．（例）10分しかない 2．（例）千円しかない

3．（例）1か月しか勉強していない、通訳が必要だ

p. 25 ●しか～ない

問7 1．しか読めません 2．だけ取って 3．しかありません

4．しかわかりません

練習7 1．しか食べない 2．だけが光っている 3．しか飲めない

4．だけ飲める 5．しか話せません

p. 27 ●名詞ばかり

問8 1．ばかり 2．だけ

練習8 1．（例）肉ばかり

2．（例）家の中でばかり遊んでスポーツをしない

3．（例）この雑誌は広告、つまらない

●動詞てばかりいる

問9 1．弟は遊んでばかりいる。

2．彼はなまけてばかりいる。

練習9 1．（例）テレビを見て、ちょっとは手伝って

2．（例）食べて寝て、太るんですよ

3．（例）授業をサボって、真面目に出るようになった

p. 28 ●こそ

問10-1 1．健康以外、健康 2．田中さん、鈴木さん

問10-2 1．したい 2．ふさわしい 3．すべきだ

練習10 1．（例）休息が必要だ 2．（例）辛い、笑顔でいたい

3．（例）順調なとき、謙虚さ

p. 29 ●からこそ

問11 1．a 2．b 3．a

練習11 1．（例）海外旅行をすること 2．（例）病気をした

3．（例）愛している 4．豊かになれたのだと思う／平和な国家を築けたのだと思う

p. 30 ●さえ

問12-1 1．起き上がる 2．寝る 3．かぎをかけること

問12-2 2、3、5

練習12　1．(例) ひらがな、書けない　2．(例) 食事の時間、忘れるほどだ
　　　　3．(例) 彼は近所の人に会っても挨拶、しないそうだ

p. 31　●〜さえ〜ば
問13　1．お湯
　　　2．雨がやむこと
練習13　1．(例) 申し込み金、払え、すぐ会員になる
　　　　2．(例) あなた、いてくれれ
　　　　3．(例) あの台風、来、家が壊れずにすんだのに

●「なんか／なんて」
問14-1　1．つまらない　2．困っている
問14-2　1．なんて　2．なんて　3．なんか

p. 32　練習14-1　1．なんて　2．なんて　3．なんて　4．なんか　5．なんて
練習14-2　1．(例) 飲まないほうがいいよ
　　　　　2．(例) 年寄りみたいだ、行きたくない
　　　　　3．(例) 人間として最低だ
　　　　　4．(例) 希望がないからあきらめる　5．(例) 嘘をつく

p. 33　●「で」と「に」
問15　1．で　2．に　3．に　4．で　5．で　6．に
練習15-1　1．に、で　2．で　3．に　4．に　5．で　6．で
練習15-2　1．(例) 太郎、次郎、三郎、太郎、背が高い
　　　　　2．(例) リン、で、成績が良い
　　　　　3．(例) に、ジムで運動することにしている
　　　　　4．(例) 出張している、今日の会議には来ないよ

p. 34　**2. 総合練習**

1．(1)で　(2)に　(3)に　(4)で　(5)で　(6)ばかり　(7)だけ　(8)ばかり
2．(1)かかる　(2)かからない　(3)は、は　(4)は
3．(1)しかわかりません　(2)しか読んでいません　(3)しかない
　　(4)妻　(5)自分の子供　(6)昼ごはんさえ食べられない

p. 35　4．(1)(例) 夕食を早く作って　(2)(例) 散歩に出かけたい
　　　(3)(例) 答えを探すのが楽しい　(4)(例) あなた、疲れたでしょう
　　　(5)(例) 大学まで、遠い　(6)(例) 電車、行けない

III 「は」と「が」

p. 36 ウォームアップ

A. 1. が　2. が　3. が
B. 1. は　2. は　3. は
C. 1. a　2. a

p. 37　1.「は」が使えない場合

問 1-1　A：何、どこ　B：私、彼女、これ
C：田中さん、山田部長、日本　D：男の子、本、自動車

問 1-2　1. ×　2. ×　3. ○

問 1-3　1. a　2. a　3. a

使えない

p. 38

練習 1-1
1. さっき、男の人は訪ねてきたよ。　（×）
　　　　　　　が
2. うちの庭に1本の木は生えている。　（×）
　　　　　　　　　　　が
3. どんなことが心配ですか。　（○）

練習 1-2　1. が　2. が　3. が、は　4. が

p. 39　2. 節の場合

2-1. 従属節の場合(1)

問 2-1　1. が　2. が　3. は

が、は

練習 2-1
1. 雨はやんだら、出かけましょう。　（×）
　　が
2. 田中さんは来るまで、待ってください。　（×）
　　　　　　　が

3．私はその工場で働いていたとき、彼女はまだ学生だった。　（×）
　　　が

4．山田さんは会議に出ていますが、私は時間があります。　（○）

5．私が新宿へ行きますが、田中さんはどうしますか。　（×）
　　　は

2-2. 名詞修飾節の場合

問 2-2　　1．が　2．が　3．が　4．が

が

練習 2-2　　1．が、は　2．は、が　3．が

2-3. 従属節の場合(2)

問 2-3　　1．b　2．b

は

練習 2-3　　1．が　2．は　3．が

3．文の場合

3-1. 一般的な場合

問 3-1　　1．は　2．は　3．は　4．が、は

は

練習 3-1　　1．駅前で火事があった。原因がまだ分かっていない。　（×）
　　　　　　　　　　　　　　　　は

2．地球温暖化を止めるのが難しいかもしれない。　（×）
　　　　　　　　　　　は

3．人類が便利さだけを追求し、環境問題を考えてこなかった。　（×）
　　　は

4．私は自分の経験から人種や国籍で人を差別すべきではないと思う。
　　　　　　　　　　　　　　　　　　　　　　　　　　　　　（○）

3-2. 例外的な場合(1) －感じたことをそのまま伝える場合（中立叙述）－

問 3-2　　1．が　2．が　3．が

が

解答

　　練習 3-2　　1．が　2．は　3．が

p. 44　3-3. 例外的な場合(2)－排他－

　問 3-3　　1．a　2．a

　練習 3-3　　1．a：普通に、このひまわりの絵を見たときの気持ちを述べる。
　　　　　　　　b：他の絵ではなくこのひまわりの絵が美しいという気持ちを述べる。
　　　　　　2．a：「私」の行動を普通に述べる。
　　　　　　　　b：他の人ではなく「私」が買い物に行くということを述べる。

　問 3-4　　1．が　2．が　3．が

p. 45　練習 3-4　　1．が　2．が　3．が

p. 46　**4.「は－が」文**

　問 4　　1．は、が（または、「の」「は」）　2．は、が　3．は、が
　　　　　4．は、が（または、「の」「は」）

　練習 4　　1．この本は表紙がきれいだ。／この本の表紙はきれいだ。
　　　　　　2．田中さんは力が強い。
　　　　　　3．今日はデパートが休みだ。

p. 49　**5. 総合練習**

1．(1)今お金はあったら、あのカメラが買えるのになぁ。　　　　　　（×）
　　　　　が
　(2)どれが前川さんは作った作品ですか。　　　　　　　　　　　　（×）
　　　　　　　　　　　が
　(3)私は自分を幸運な人間だと思うのは今まで自分の好きなことをしてこられたからだ。
　　　が　　　　　　　　　　　　　　　　　　　　　　　　　　　（×）
　(4)昨日は雨は降って、試合は中止になりました。　　　　　　　　（×）
　　　　　　　が
　(5)私の国の教育制度がとても厳しい。　　　　　　　　　　　　　（×）
　　　　　　　　　　　は
　(6)天気がよくなったので、映画を見に行くことにしよう。　　　　（○）

(7)日本の政治家<u>が</u>もっと自分の頭で考えて、行動するべきだ。　　（×）
　　　　　　　　は

(8)山田さん<u>が</u>結婚しているが、田中さんはまだだ。　　　　　　（×）
　　　　　　は

(9)佐藤さん<u>は</u>書いた手紙は机の上にあるよ。　　　　　　　　　（×）
　　　　　　が

(10)彼<u>が</u>みんなの前でコンピューターを使って自分の考えを説明した。（×）
　　　は

2．(1)(例) 雨が降る　(2)(例) 遅くまで話していく
　　(3)(例) 洗濯をしてしまおう　(4)(例) 成長している

3．(1)が　(2)が　(3)が　(4)は

4．(1)田中さんは弟が小説家だ。
　　(2)その寺は門が立派だ。
　　(3)彼女が話してくれた話は感動的だった。
　　(4)鳥は飛ぶとき羽を広げる。
　　(5)彼女が亡くなるまえに私に贈ってくれた本はこれだ。／これは彼女が亡くなる
　　　前に私に贈ってくれた本だ。

総合演習

p. 51
1. ＜問1＞について
   ＜問2＞に対して
2. ＜問1＞として
   ＜問2＞にとって

p. 52
3. ＜問＞ア：に対する　イ：に対して
4. ＜問1＞クーラーの温度を高めに設定する、背広やネクタイの着用をやめる
   ＜問2＞につれて（にともなって／にしたがって）

p. 53
5. ＜問1＞ア：は　イ：が　エ：も　カ：が
   ＜問2＞によって
   ＜問3＞にとって
6. ＜問1＞ア：は　イ：さえ　ウ：は　エ：は
   ＜問2＞なんか

p. 54
7. ＜問＞ア：は　イ：に対して　ウ：が　エ：さえ　オ：は　カ：に対して　キ：は
8. ＜問＞ア：が　イ：によって　ウ：が　エ：が　オ：は（を）
   　　　カ：として（と）

p. 55
9. 1）ア　2）イ　3）ウ　4）ア

p. 56
10. ＜問1＞環境問題が具体的な形で議論されず、その場の雰囲気で方向性が決まってしまうこと
    ＜問2＞安易
    ＜問3＞に対する
    ＜問4＞コストが安い方をとればいいという考え方
    ＜問5＞に対する
    ＜問6＞本当にできること以上のことができる能力があると考えること

p. 57
11. ＜問1＞ア：さえ　イ：こそ
    ＜問2＞赤ちゃんが歩き始めたころの歩き方
    ＜問3＞今まで自分と一体だと思っていた子どもが独立した人間だと感じられたから。
    ＜問4＞感動
    ＜問5＞こず（こずに／こないで）